U0643030

国家电网公司
生产技能人员职业能力培训通用教材

电力应用文

国家电网公司人力资源部　　组编

曹瑛　主编

中国电力出版社
CHINA ELECTRIC POWER PRESS

内 容 提 要

《国家电网公司生产技能人员职业能力培训教材》是按照国家电网公司生产技能人员标准化培训课程体系的要求，依据《国家电网公司生产技能人员职业能力培训规范》（简称《培训规范》），结合生产实际编写而成。

本套教材作为《培训规范》的配套教材，共 72 册。本册为通用教材的《电力应用文》，全书共十一章、36 个模块，主要内容包括概述，行政公文，规章制度类应用文，事务文书，电力生产管理应用文，电力专业技术与科技论文，经济活动应用文，宣传报道应用文，其他常用应用文，初稿的修改，附录。

本书是供电企业生产技能人员的培训教学用书，也可以作为电力职业院校教学参考书。

图书在版编目（CIP）数据

电力应用文/国家电网公司人力资源部组编. —北京：中国电力出版社，2010.5（2020.5重印）
国家电网公司生产技能人员职业能力培训通用教材
ISBN 978-7-5083-9606-4

Ⅰ. 电… Ⅱ. 国… Ⅲ. 电力工业–应用文–写作–技术培训–教材 Ⅳ. H152.3

中国版本图书馆 CIP 数据核字（2009）第 195625 号

中国电力出版社出版、发行
（北京市东城区北京站西街 19 号　100005　http://www.cepp.sgcc.com.cn）
三河市百盛印装有限公司印刷
各地新华书店经售
*
2010 年 5 月第一版　　2020 年 5 月北京第十二次印刷
710 毫米×980 毫米　16 开本　11.5 印张　209 千字
印数 49001—50500 册　　定价 **48.00** 元

国家电网公司
生产技能人员职业能力培训通用教材

前　　言

为大力实施"人才强企"战略，加快培养高素质技能人才队伍，国家电网公司按照"集团化运作、集约化发展、精益化管理、标准化建设"的工作要求，充分发挥集团化优势，组织公司系统一大批优秀管理、技术、技能和培训教学专家，历时两年多，按照统一标准，开发了覆盖电网企业输电、变电、配电、营销、调度等34个职业种类的生产技能人员系列培训教材，形成了国内首套面向供电企业一线生产人员的模块化培训教材体系。

本套培训教材以《国家电网公司生产技能人员职业能力培训规范》（Q/GDW 232—2008）为依据，在编写原则上，突出以岗位能力为核心；在内容定位上，遵循"知识够用、为技能服务"的原则，突出针对性和实用性，并涵盖了电力行业最新的政策、标准、规程、规定及新设备、新技术、新知识、新工艺；在写作方式上，做到深入浅出，避免烦琐的理论推导和论证；在编写模式上，采用模块化结构，便于灵活施教。

本套培训教材包括通用教材和专用教材两类，共72个分册、5018个模块，每个培训模块均配有详细的模块描述，对该模块的培训目标、内容、方式及考核要求进行了说明。其中：通用教材涵盖了供电企业多个职业种类共同使用的基础知识、基本技能及职业素养等内容，包括《电工基础》、《电力生产安全及防护》等38个分册、1705个模块，主要作为供电企业员工全面系统学习基础理论和基本技能的自学教材；专用教材涵盖了相应职业种类所有的专业知识和专业技能，按职业种类单独成册，包括《变电检修》、《继电保护》等34个分册、3313个模块，根据培训规范职业能力要求，Ⅰ、Ⅱ、Ⅲ三个级别的模块分别作为供电企业生产一线辅助作业人员、熟练作业人员和高级作业人员的岗位技能培训教材。

本套培训教材的出版是贯彻落实国家人才队伍建设总体战略，充分发挥企业培养高技能人才主体作用的重要举措，是加快推进国家电网公司发展方式和电网发展方式转变的具体实践，也是有效开展电网企业教育培训和人才培养工作的重要基础，必将对改进生产技能人员培训模式，推进培训工作由理论灌输向能力培养转型，提高培训的针对性和有效性，全面提升员工队伍素质，保证电网安全稳定运行、支撑和促进国家电网公司可持续发展起到积极的推动作用。

　　本册为通用教材部分的《电力应用文》，由湖北省电力公司具体组织编写。

　　全书第一至三章由湖北省电力公司曹瑛编写，第四至七章由湖北省电力公司陈少华编写，第八至十一章由湖北省电力公司黄春编写。全书由曹瑛担任主编。福建省电力有限公司何建民担任主审，福建省电力有限公司林耀庭、施孔文参审。

　　由于编写时间仓促，难免存在疏漏之处，恳请各位专家和读者提出宝贵意见，使之不断完善。

目　　录

第一章 概　　述

模块 1　应用文概述（TYBZ03801001）

【模块描述】本模块包含电力应用文的概念、特征、分类、语言风格及写好应用文的基本要求。通过对电力应用文概述的讲解，初步了解电力应用文的总体特征及写作电力应用文的基本要求。

【正文】

一、电力应用文的概念

电力应用文是电力行业职工和管理者在工作和生活中办理公私事务所使用的具有实用价值和某种固定或惯用格式的一大类文体的总称。

电力应用文在处理公务时，用于传达和贯彻党的方针、政策，发布法规，请示和答复问题，安排工作，报告情况，交流经验，商讨事宜，报道企业动态等。电力应用文也广泛用于个人事务。

二、电力应用文的特征

电力应用文具有如下一些共同的特点：

1. 内容的实用性

文学作品是供人鉴赏、审美的作品。应用文的价值在于实用，实用性是其最突出的特点。绝大多数的应用文都是为了解决实际工作、生活和学习中的具体问题而写作的。例如，合同是为了规定双方当事人的权利与义务，促使、约束签订合同的各方共同履行某种行为而拟写的。

2. 格式的规范性

应用文一般都有固定的或惯用的格式。国家行政公文的格式是以法规的形式作了明确规定的，任何单位或个人都不能更改。其他应用文也在长期的使用过程中形成了稳定的结构样式和某些固定的用语。例如，条例、章程等法规性文体大都分总则、分则、附则三部分，且行文习惯用条文式。消息的正文一般包括导语、主体、结尾几个部分，采用倒金字塔结构。

3. 读者的特定性

文学作品的读者对象不明确，感兴趣的可以去读，不感兴趣的就可以不读。应用文则不同，它有特定的读者和明确的对象范围。有的应用文的受文对象很广，如颁布国家法令法规的公文、颁布重大事项或法定事项的公告、宣传产品的商业广告；有的相对较窄，如经济事务类的招投标书、市场调查的分析报告；还有的读者是单个的人，如书信。

4. 应用的广泛性

应用文的种类众多，体裁有近百种，涉及工作、生活的各个领域和层面，用途十分广泛。

5. 功用的时效性

应用文是为解决工作、生活中的具体事务而写作的，其功用具有一定的时效性。这里的时效有两层意思：一是应用文的写作要讲求时效，如公文中上级领导答复下属问题、新闻中消息的报道等都要求迅速及时，不能延误；二是指应用文本身的功用或者效力要受到时间的限制，如投标书超出了招标的时间就不起作用了。不同类型的应用文对时效的要求有别。

三、电力应用文的表达方式

表达方式有记叙、描写、说明、议论、抒情。

文学创作常用记叙、描写、议论、抒情的表达方式，应用文常用的表达方式是说明、议论、记叙。

1. 说明

说明是对客观事物或事理进行解释、阐述的表达方式。

说明在应用文写作中运用得十分广泛。行政公文、规范性公文（如条例）、契约性公文（如协议书）、事务文书（如计划）等都要大量运用说明的方法。产品说明书、工作票、操作票等则纯粹用说明的表达方式。

2. 议论

议论是对某个问题、某件事情表明自己观点或看法的表达方式。

议论在应用文写作中使用频率较高。演讲稿、计划总结的前言、规章制度的总则、调查报告的结论及经济分析报告、投标书、广告、专业论文等都要运用议论。

应用文中的议论与一般议论文中的议论是有区别的。议论文中的议论贯穿全文始终，应用文中的议论比例较少，只在某些应用文种或在应用文体的某些部分使用，也不一定具备论点、论据、论证的完整的议论过程，论证方法的使用也有一定的局限性。

3. 记叙

记叙就是记叙人物的经历或事物发展变化的过程。

应用文中的记叙可以介绍人物的事迹，如用于表彰性的通报；可以记述事件发生、发展变化的过程，如用于事故分析报告、感谢信、新闻报道等；还可以为议论说理提供事实论据，如用于经济分析报告、调查报告等。

应用文的记叙与文学作品的叙述有较大的区别。文学作品的叙述往往与描写结合在一起，力求具体、详尽、生动、形象，力求感染读者；应用文的记叙则简明扼要，无论是写人还是记事都很概括。

四、电力应用文的语言

语言是思想的外壳，人们的思想、情感要借助一定的语言形式表现出来。语言分口语和书面语。口语简短、灵活、通俗；书面语规范，讲究章法。应用文运用书面语写作，有自己的特点：

1. 准确

准确是对各种文体语言的最基本的要求，也是对应用文语言的最基本要求。

要做到语言准确，首先要措词准确。例如，平级单位转发通知就不能用"批转"，因为"批转"是"批准"然后"转发"的意思，只有上级单位才能用。

其次，必须符合现代汉语语法规范。例如，下面的句子就不合语法规范："在经济快速发展的形势下，我们要关注一些行业战线过长、生产力过剩、造成新的资源配置不合理"——缺宾语。

再次，用语必须得体。这里的"得体"有两层含义，一是要合文体要求。如行政公文具有法定效力，用语就要十分严肃；用于社交活动的应用文如请柬、贺信，就可以写一些情意性的词句；契约性的文书如合同，措词就要十分严谨。"得体"的第二层含义是要符合发文者的身份，同时还要考虑受文对象。写给领导看的请示、报告，用语就要诚恳谦和；写给下级的批复语言就要明确；发给社会群体看的公告、通告，语言就要通俗；颁布法律法规的语言就要特别庄重。

2. 简明

应用文是为"用"而写的，它拒绝空话、大话、套话。应用文的语言要力求简洁明了，言简意赅，用尽可能少的语言表达尽可能丰富的内容。

3. 严谨

严谨是指语义要确切、周密，不能有漏洞。如写生产总结，提高了 2 倍就不能写成提高到 2 倍。

此外，要尽量避免使用模棱两可和有歧义的词，如"可能"、"大致"、"基本上"、"酌情而定"等。这种语义暧昧的词句，会让受文者犯难，影响应用文的效用。

4. 朴实

应用文很少描写，不用华丽的辞藻作修饰，不像文学作品那样追求语言的形象性、情意性。它大量使用说明的表达方式，语言朴素无华。个别应用文体如广告、演讲稿使用文学语言，但仍旧通俗易懂，平实自然，如广告词"大家好才是真的好"

模块 1

TYBZ03801001

就体现了这个特点。

五、电力应用文的分类

为了学习的方便，将《电力应用文》分为如下几个板块：行政公文；规章制度；事务文书；电力生产管理应用文；专业技术论文；经济活动文书；宣传报道应用文；其他应用文；应用文初稿的修改等。

六、如何写好电力应用文

任何文章都不可能一蹴而就，都要付出努力。要想写好应用文必须做到如下几点：

1. 了解国家的方针政策和电力行业的法律法规

如果把应用文的写作仅仅当作一种文字工作那就错了。写作应用文首先必须了解党和国家的方针政策和电力行业的法律法规。以拟写合同为例：如果一份合同文字拟写得十分通畅，但个别条款违背了电力行业的法律或法规，就不能在实践中使用。电力行业基层员工写工作计划之类的应用文也要了解行业的规章制度，不能让自己的行为与行业的规章规程等相悖。

2. 有一定的语言功底

写应用文和文学创作一样，都需要有一定的驾驭语言文字的能力，这种能力源于丰厚的语言功底。要想有好的语言基本功，就不能拒绝学习。学习的途径可以有多条：向书本学、向生活学。学习，就是要事事留意，处处做有心人，以积极的心态，随时随地汲取语言的营养，然后功到自然成。

3. 掌握相关的业务知识

写应用文，如果不熟悉和了解本行业本岗位甚至相关行业与岗位的业务知识，就很难做到游刃有余。写电力行业的应用文就必须具备足够的电业知识。很难想象，一个外行能写出好的调查报告，能拟订好周密的工作计划，能合理批示下级的工作。因此，掌握相关的业务知识，是写好应用文的必备条件。

4. 熟练掌握文种格式

不同文种的应用文在长期的实践中已形成规范的或约定俗成的格式，写作时一般不要另辟蹊径。如果刻意创新，有可能弄巧成拙。熟练掌握各种文种既定的格式，是写好应用文的又一前提。

5. 勤写多练

掌握了知识，不等于具备了能力。要提高写作水平，还要靠勤学苦练。成功没有捷径可走，只有多写多练，才能将知识转化为能力。

【思考与练习】

1. 什么是电力应用文？
2. 电力应用文有哪些特征？

3. 电力应用文常用的表达方式有哪几种？
4. 电力应用文对语言有哪些基本要求？
5. 在实际生活中，你接触过哪些应用文文种？请说出它们的特点。
6. 联系生活实际，说说怎样才能写好应用文。

第二章 行政公文

模块 1 行政公文的种类与特点（TYBZ03802001）

【模块描述】本模块包括行政公文的概念、种类、制发程序、特点及作用。通过对行政公文的种类和特点的讲解，掌握行政公文的基本知识，了解行政公文与其他应用文种的区别。

【正文】

公文，即公务文书，是党政机关、企事业单位或其他社会组织在行使职权和办理公务时所使用的文书。

公文通常有广义和狭义之分。广义的公文包括所有反映公务活动的文书，狭义的公文则专指国家行政机关制发的公务文书。行政公文是广义的公文中很重要很特殊的一部分。

一、行政公文的概念

国务院在 2000 年 8 月 24 日发布的《国家行政机关公文处理办法》中，给行政公文下了一个明确的定义："行政机关的公文（包括电报），是行政机关在行政管理过程中形成的具有法定效力和规范体式的文书，是依法行政和进行公务活动的重要工具。"

党和国家方针、政策的传达，行政法规和规章的发布，国家大事的商洽，上下级之间的沟通，工作经验的交流，不相隶属单位的合作，都需要使用行政公文。

二、行政公文的分类

《国家行政机关公文处理办法》中规定，我国现行的行政公文有命令（令）、决定、公告、通告、通知、通报、议案、报告、请示、批复、意见、函、会议纪要 13 种（见附录一）。《中国共产党机关公文处理条例》分为 14 种。《国家电网公司公文处理办法》则分为 10 种（见附录二）。

命令（令）：是国家行政机关公文的最高形式，适用于依照有关法律公布行政法规和规章；宣布施行重大强制性行政措施；嘉奖有关单位及人员。

决定：适用于对重要事项或者重大行动作出安排，奖惩有关单位及人员，变更或者撤销下级机关不适当的决定事项。

公告：适用于向国内外宣布重要事项或法定事项。

通告：适用于在一定范围内公布应当遵守或者周知的事项。

通知：是公文中使用频率最高、使用范围最广的文种，适用于批转下级机关的公文，转发上级机关和不相隶属机关的公文，传达要求下级机关办理和需要有关单位周知或者执行的事项，任免人员。

通报：适用于表彰先进，批评错误，传达重要精神或者情况。

议案：适用于各级人民政府按照法律程序向同级人民代表大会或人民代表大会常务委员会提请审议事项。

报告：适用于向上级机关汇报工作，反映情况，答复上级机关的询问。

请示：适用于下级机关向上级机关请求指示或批准。

批复：适用于答复下级机关的请示事项。

意见：适用于对重要问题提出见解和处理办法。

函：适用于不相隶属机关之间相互商洽工作，询问和答复问题，请求批准和答复审批事项。

会议纪要：用于记录会议成果，传达会议精神。

行政公文从不同的角度可以划分为以下不同的类型：

按承载的职能可划分为指令性公文（命令/决定/批复/意见/会议纪要）、知照性公文（公告/通告/通知/通报和函）、报请性公文（议案/报告/请示）。

按缓急程度可划分为特急、急件和一般公文。

按保密级别可划分为绝密、机密、秘密和普通公文。保密有时间限制，经过一段时间后，可以按规定降低和解除密级。

按行文方向可划分为上行文、下行文和平行文。上行文是指下级机关呈给它所属的上级机关的公文，如报告、请示；下行文是指上级机关发给具有隶属关系的下级机关的公文，如决定、批复、通知；平行文是平级机关或不相隶属机关商请工作的公文，如函。需要指出的是，有的文种行文方向有交叉的现象，如通知是下行文，但有时周知性通知可以是平行文；意见既可以是下行文，也可以是平行文和上行文。

三、行政公文的特点

行政公文除了具有实用性、时效性等一般公文的特点外，还有以下特性：

1. 鲜明的政治性

行政公文是应统治者管理国家的需要而产生的，从它产生之日起，就带有极为鲜明的政治色彩。

我国现行的行政公文，是国家依法行政和进行公务活动的重要工具，是劳动人民参与管理国家的重要形式，同样具有鲜明的政治性。

TYBZ03802001

模块1

2. 法定的权威性

行政公文的法定权威性，是指行政公文在法定的时间与空间范围内，能对受文者的行为产生强制性的影响，具有约束力，如强制予以贯彻执行、强制予以办理或要求及时批复等。行政公文之所以具有权威性，首先是由于行政公文的作者是法定的，其次是行政公文的内容传达了制发机关的决策意图，体现了制发机关的意志与权力。

3. 严格的程序性

行政公文从制作、审核、签发直到生效，必须经历一个严格的程序化的过程。为了加强责任感，避免公文的遗失，或者接而不办，公文的收发还规定了严格的处理程序，包括登记、分办、拟办、承办和催办等，从而保证了公文的运作通畅与贯彻执行。

4. 格式的特定性

行政公文的格式是国家以法规的形式统一规定了的，这是它与其他公文样式的显著区别之一。国务院办公厅两次修订《国家行政机关公文处理办法》，对行政公文的格式作了严格的规定，任何机关制发公文，均不能违背这个特定的格式。

四、行政公文的制发程序

行政公文的制发程序又叫发文办理。按《国家行政机关公文处理办法》的规定："发文办理是指以本机关名义制发公文的过程，包括草拟、审核、签发、复核、缮印、用印、登记、分发等程序。"

1. 草拟

把领导人或单位的发文意图条理化，是发文处理的关键环节之一。

2. 审核

由秘书部门负责人或单位领导人对拟好的文稿进行审查、核对、修改，为签发做好准备。

3. 签发

由单位领导人签写发文具体意见，签发人对文稿的内容和行政效力负责。

4. 复核

行政公文正式印制前，秘书部门应当进行复核。重点是看审核、签发手续是否完备，附件是否齐全，格式是否统一、规范等。

5. 缮印

根据 GB/T 9704—1999《国家行政机关公文格式》，缮写或打印已签发的文稿，并由文秘人员负责校对。

6. 用印

由秘书对已缮印好的公文盖印或现场监印。

7. 发文登记

由文秘部门将待发公文登记造册，以备存查。

8. 分发

由秘书把用印并登记的公文通过适当方式（邮寄、传真、电报、电子邮件、专人递送）传递给收文单位或个人。

五、行政公文的作用

1. 领导和管理作用

通过传达路线、方针、政策来实施领导和管理。由于行政公文以文字材料为原本，比口头传达和会议报告更具精确性，便于反复阅读，仔细理解，统一思想，所以行政公文是传达贯彻党和国家的方针、政策的有效形式。

通过规范人们的行为来实施领导和管理。国家权力机关制定的各种法律条文，国家行政机关制定的各种法规，都要通过公文的形式来发布、宣传和贯彻执行。这些法律法规一经发布，便成为规范全体公民行为的准则，并以强制力来保证贯彻实施。

通过部署、指导各项具体工作来实施领导和管理。各级党政机关经常通过公文部署具体工作，对下级工作提出具体意见、要求、措施，实施有效领导。

2. 沟通与联络作用

行政公文是传递信息的重要渠道，是上下级、平行机关和不相隶属机关之间进行公务联系的纽带和桥梁。上下级机关上情下达、下情上达，要借助公文；平行机关和不相隶属的机关协商工作、沟通信息、交流经验，也要借用行政公文。

3. 依据和凭证作用

这是行政公文各种作用的基础。上级将下级公文反映的情况、请求作为决策的根据，下级将上级公文布置的任务和规定作为执行的依据，公文在处理完毕后，经整理、立卷、归档，作历史资料保存，同样具有依据和凭证的性质，从而保证公务活动有条不紊地开展。

六、行政公文的格式

参看附录三《国家行政机关公文格式》。

【思考与练习】

1. 什么是公文？行政公文的含义是什么？

2.《国家行政机关公文处理办法》将行政公文分为哪些种类？

3. 行政公文有哪些特点？

4. 写出行政公文的制发程序。

5. 行政公文有哪些作用？

6. 说出行政公文格式中眉首包括的要素。

模块2　部分行政公文文种的写法（TYBZ03802002）

【模块描述】本模块介绍行政公文中请示、报告、通报、通知、函五种常见的公文样式。通过部分行政公文的写法及体例介绍，了解它们的写作格式，掌握它们的写作技法。

【正文】

一、请示

1. 请示的概念和种类

请示是有隶属关系的下级向上级就某项工作或问题请求给予指示或审核批准时使用的期复性公文。其特点是主送机关明确具体，内容单一，使用范围广泛。

请示按内容和目的大致可分以下两类：

请求指示的请示。请求上级对有关的方针、政策和规定中不明确、不理解之处作明确的解释；请求领导对新情况、新问题给予指导。

请求批准的请示。请求上级机关批准增减或变更人员编制、机构设置、领导班子等人事组织问题以及协助解决工作经费、工作任务等问题。

2. 请示的主体结构

请示由标题、主送机关、正文、生效标识和成文日期等部分构成。

（1）标题。标题通常由发文机关、事由、文种三部分组成，发文机关有时可以省略。

（2）主送机关。主送机关为直属上级机关，只能报送一个主管的领导机关，如需要报送其他上级机关，用抄送的形式。

（3）正文。正文由事由、请示事项和结尾组成。其中，事由是请示的缘由或根据；事项是正文的核心，要求把需要上级机关审批的问题写清楚，并作具体分析，提出自己的看法或处理意见，切忌模棱两可；结尾与事项相呼应。常见的结束语有："特此报请核批"，"以上请示，请予审核批准"，"妥否，请指示"，"妥否，请审批"，"请予批复"等。

（4）生效标识和成文日期。在正文的右下方写成文日期，发文机关印章盖在成文日期上，即为生效。

3. 请示写作的注意事项

（1）不滥用请示。下级机关不能事无巨细一概向上级请示，凡是职权范围内的事，要敢于负责，自行处理。

（2）一事一文。请示的内容要单一，在一份请示中只能请求一件事。切忌一文多事，更不要在报告中夹杂请示，因为报告是可以不回复的。

（3）不要多头主送。请示只送直接主管机关或部门，不要多头主送。除领导直接交办的事项外，不送领导者个人。请示上报的同时，不能抄送下级与同级机关，以免造成混乱。

（4）不越级请示。请示应按隶属关系逐级请示，不越级请示。若因特殊情况需要越级请示，须抄送被越过的上级机关。

案例：

<h2 style="text-align:center">关于解决受灾线路设备损失费用的请示</h2>

××省电力公司：

去年冬天，我供电公司所供电的地区遭受了几十年来罕见的雪灾，致使许多线路杆倒线断，部分变电所设备被毁，造成我公司的直接经济损失达××余万元。为了不影响本地区工农业生产和人民群众的正常生活，我公司投入了大量的人力、物力、财力，及时修复受灾的线路及电气设备，保证了本地区的城乡用电，确保了任务的顺利完成。

由于我公司预算经费中不包括意外灾害受损一项，恳请省电力公司帮助解决受灾线路、电气设备损失费用××万元。

以上请示，请予审核批准。

×市供电公司（印章）
二○○八年×月×日

二、报告

1. 报告的概念与种类

报告是向上级机关汇报工作、反映情况、提出意见或建议、答复上级单位询问时所用的公文。报告为上行文，适用范围广，使用频率高，是上级机关获取基层信息、实施有效管理的重要手段。

报告根据其适用范围，可分为以下四类：

工作报告，是下级机关定期或不定期向上级领导机关汇报工作情况的报告。如电力系统常写的年度报告、季度报告、月份报告等。

专题报告，是针对某项专门工作或某一个具体问题以及某一偶然发生的情况所写的报告。

答复报告，是答复上级询问的报告。

报送报告，是下级机关向上级机关报送公文、物件时，随文或随物写的一种报告。

2. 报告的主体结构

报告由标题、主送机关、正文、生效标识和成文日期等部分组成。

（1）标题。一般采用"事由＋文种"的结构形式，如《关于电力培训大楼竣工及费用支出的情况报告》。

（2）主送机关。为直属上级机关，如果需要报送几个上级机关，可以多头主送。

（3）正文。正文由导语、主体和结束语等组成。其中，导语简短说明报告的事由和目的，随即用"现将有关情况报告如下"之类的承启用语引入正题；主体即为报告的事项和内容；结束语常用"特此报告""专此报告""以上报告，请审阅"等语结束全文。

（4）生效标识和成文日期。写法同请示。

3. 报告的写法

不同类型的报告，其正文的写法也不相同。

（1）工作报告。正文一般由基本情况、成绩和经验、问题与不足、改进办法等部分构成，写法上要注意重点突出，详略得当，点面结合，脉络清楚。报告中所列成绩或问题都必须属实，既不夸大，也不缩小，并能从中揭示出一定的规律。

（2）专题报告。正文一般由情况或问题发生的经过、原因、责任分析、处理意见、应吸取的教训等部分构成，撰写时要围绕报告的主题，对情况要作出实事求是的记叙，并进行客观具体的分析，提出切实可行的措施。

（3）答复报告。正文由报告的原因、回答询问两部分构成，首先要写明什么时候接到上级机关提出的什么问题或者询问的事项，然后针对上级提出的问题或者询问的事项作出回答。

（4）报送报告。写作内容简单，将报送的材料包括文件、物件的名称、数量写清楚即可，结尾用"请收阅"、"请查收"等结束全文。

4. 报告写作的注意事项

（1）实事求是，内容真实。报告是下情上达的重要渠道。汇报工作，反映情况，要力求真实，不能夸大成绩，隐瞒缺点，回避问题。

（2）删繁就简，突出重点。在能够说明清楚情况的基础上尽量缩短篇幅，以减轻领导的负担，帮助提高工作效率。

（3）不要在报告中夹带请示事项。收文机关对报告没有答复的责任，把请示夹在报告里，就可能误事。

（4）一般不越级报告。

（5）除上级领导直接交办的事项外，不得以单位名义直接向领导个人报送报告。

5. 请示与报告的区别

（1）行文的时间不同。一般是"事前请示，事后报告"。

（2）行文的内容和结构不同。请示必须一文一事，报告则可涉及广泛的内容。

（3）受文单位不同。请示只能主送上级主管单位，不能同时抄送下级单位。报告则可以多头报告，也可以同时抄送下级单位。

（4）受文结果不同。请示要求领导批复，在上级未批复时，呈报单位不能或难以开展正常工作。报告不需要上级批复，不影响呈报单位开展工作。

案例：报送报告

关于省电建一公司××××年工作总结及××××年工作思路的报告

××省电力公司：

现将《省电建一公司××××年工作总结及××××年工作思路》呈上。请审阅。

××省电建一公司（印章）

××××年×月×日

案例：专题报告

关于超高压输变电公司"5.26"人身死亡事故及处理情况的报告

××电网公司：

我省超高压输变电公司 5 月 26 日发生一起人身死亡事故，现将事故及处理情况报告如下：

一、事故经过

2008 年 5 月 26 日，超高压输变电公司××输电公司对 500kV 万龙二回线 419～735 号杆塔进行绝缘子清扫和消缺工作，其中××输电公司运检一队工作范围为419～500 号。运检一队队员××由副队长××送至 462 号杆塔，负责在 462 号杆塔装设流动接地线并进行绝缘子清扫。当日 18 时 20 分左右，副队长在去接××收工的途中，接到 462 号杆塔周边群众电话，反映塔上有一个人长时间未动。副队长赶到 462 号杆塔后，立即登杆查看，发现××在系好安全带的情况下，仰躺在左相（A相）横担头上。××被送至医院后，经法医鉴定已经死亡。

二、事故原因

经勘察现场发现，接地线导线端已接牢，接地端夹具落在××胸口，其所在位置左前方塔材上有接地端夹具留下的划痕，夹具锁紧螺杆加力杆脱落（现场未找到）。经分析，事故发生的过程为：××在 A 相装设好接地线后，准备取工具包转移作业点时，身体意外失去平衡，右手无意中抓住了接地线（接地线有透明绝缘套管），导致接地线的接地夹具从塔材上脱出，接地端击中左胸部靠近心脏部位，感应电经胸部泻放，因电击休克且长时间无人救援死亡。

三、暴露的问题

（1）对安全工作重要性的认识不到位。没有正确处理好安全与进度、安全与效益的关系，在安排工作时，作业人员、作业点过于分散，存在抢工期、赶进度现象。执行《电力安全工作规程》不严肃、不认真，高处作业以及装拆流动接地线时无人监护，导致作业人员遭受电击后未及时发现。

（2）安全工器具管理不严格。接地线接地端夹具存在缺陷，锁紧螺栓加力杆脱落，造成接地端挂接不牢固，接地夹具在顺向拉力作用下能够拉脱；工器具使用前未认真进行检查，导致有缺陷的工器具进入作业现场。

（3）作业人员自我保护意识不强。作业人员对接地线挂接点选择不当；在使用有缺陷的夹具时，没有采取紧固措施。

（4）危险点分析及预控措施落实不到位。对平行、交叉带电线路感应电伤人的危险性分析不到位，对发生感应电触电的危险性预计不足，未重点强调和落实防感应电伤人的措施。

（5）对作业人员技能培训考核把关不严。安全学习和技能培训缺乏针对性，人员作业技能欠缺，自我保护意识不强，登高作业等重要岗位上岗考核把关不严。

四、防范措施

（1）在全公司范围内开展"安全生产整顿活动"，全面反思思想认识上的偏差，全面清理安全生产管理的漏洞，进一步强化全员安全生产意识。

（2）正确处理好安全与进度、安全与效益的关系，在安排工作时，坚决杜绝盲目抢工期、赶进度现象；按照近期印发的《关于加强线路清扫工作管理的紧急通知》要求，进一步加强线路清扫等一般维护性工作的管理，在工作量较大、停电时间短的情况下，一般维护性工作应适当外委。

（3）进一步加强安全工器具管理。建立健全安全工器具管理制度，严格按规定对安全工器具进行定期检验，工器具领用、归还应实行交接检查制度；立即对所有接地线进行清查，对有缺陷的接地线立即停止使用；对输电线路接地线的夹具进行改造，确保接地线夹具在任何情况下不至松脱。

（4）加强高空作业安全监护。按照《电力安全工作规程》规定严格执行工作监护制度；装设、拆除接地线（含流动接地线）应在专人监护下进行；严禁单人进行登杆作业。

（5）进一步完善登杆作业指导书（卡）。登杆作业指导书应明确规定不同塔型接地线夹具的装设位置；杆塔上装设接地线、个人保安线，接地端应牢固绑扎在塔材上，防止意外脱落。

（6）认真开展危险点分析，危险点预控措施应有针对性，输电线路作业应有完善的防感应电伤人措施。

（7）结合岗位和工作性质，大力开展有针对性的安全教育和生产技能培训，提高自我保护意识和保护能力。加强登高等特种作业持证上岗管理，严格考核制度，严把持证上岗关口。

五、对事故责任单位和人员的处理

（一）超高压公司对直接责任单位及责任人的处理

事故发生后，超高压公司按照有关规定，对事故直接责任单位××输电公司及有关责任人进行了严肃处理，并经省公司 2008 年第三次安委会审议通过。具体处理情况如下：

（1）××同志安全意识不强，接地线挂接不牢，作业过程中注意力不集中，不慎拉脱接地线，是造成这起事故的直接原因，应负主要责任。因其死亡，免于处罚。

（2）运检一队队长××、副队长××分别担任此项工作的负责人和小组监护人，工作监护不到位，是造成这起事故的次要原因，对这起事故负次要责任。给××和××行政记过处分，并给予经济处罚 3000 元/人。

（3）××输电公司领导对安全生产工作要求不严，现场管理松懈，制度落实不到位，负有领导责任。给予××输电公司经理××、分管生产副经理××、其他领导××等 6 人行政警告处分，并给予经济处罚 4000 元/人。

（4）××输电公司生技部主任××、安保部主任××、专职安全员××，对这起事故负有管理责任。给予××经济处罚 1000 元、××经济处罚 500 元、专职安全员××经济处罚 500 元。

（5）～（14）（略）

（二）对超高压公司及有关责任人的处理

（1）依据××省电力公司《安全生产工作奖惩规定》第二十五条规定，对总经理××、党委书记××、分管生产副总经理××给予行政警告处分，并给予经济处罚 4000 元/人。对超高压公司领导班子其他成员给予经济处罚 3000 元/人。

（2）依据××省电力公司《安全生产工作奖惩规定》，取消超高压公司 2008 年度安全生产先进单位、无人身事故奖评选资格。

（3）按照《国家电网公司电力生产事故调查规程》，中断超高压公司安全记录，新的安全记录从 2008 年×月×日起累计。

（4）依据《××省电力公司安全预警管理办法》，对超高压公司给予一级事故预警管理，预警期自 2008 年×月×日起，为期 3 个月。

（5）依据《××省电力公司安全生产风险保证金管理办法》第十条规定，扣除超高压公司领导班子全部保证金。

（6）依据《××省电力公司企业领导人安全职责履职评估办法》第九条规定，总经理××、党委书记××、分管生产副总经理××安全履职年度总评扣 10 分，领导班子其他成员扣 6 分。

（7）依据《××省电力公司企业负责人年度业绩考核奖惩办法》有关规定，超高压公司领导班子 2008 年业绩考核扣 6 分。

（三）对省公司本部人员的处理

（1）年底考核时，按 25% 的比例扣除机关本部（含企业管理协会、电机学会）人员交纳的安全生产风险金后，再按系数进行考核兑现。

（2）扣发机关本部人员（含企业管理协会、电机学会）×月份月度安全生产奖金。

特此报告。

××省电力公司（印章）

××××年×月×日

三、通报

1. 通报的概念、特点及种类

通报是用于表彰先进、批评错误、传达重要精神或者情况的公文。通报在知照性公文中是比较独特的一种，它虽然是下行文，但只是用于传达精神，沟通交换信息，而不是发号施令。

通报有内容的真实性、事实的典型性、问题的针对性和教育的严肃性几个特点。通报是传递信息、表彰先进、惩戒落后和教育群众的有效手段和重要工具。

从适用范围上看，通报大致可以分为表扬性通报、批评性通报和情况通报三类。

2. 通报的主体结构

通报一般由标题、主送机关、正文、生效标识和成文日期等部分构成。

（1）标题。写法同报告。

（2）主送机关。一般为直属下级机关，或是需要知照的不相隶属的单位。

（3）正文。一般由导语、通报事项、分析评论、处理决定几部分组成。

（4）生效标识和成文日期。写法同请示。

3. 不同种类通报的写法

（1）表彰性通报。这类通报一般先介绍所通报的先进事迹和经验，并对其进行评价，然后写明表彰的具体事项、奖励的办法，最后发出号召。通过表彰先进、推广经验、树立榜样，起到调动积极性、开创新局面的作用。

（2）批评性通报。这类通报一般先详细介绍被通报的错误事实及其造成的后果，然后分析错误产生的原因和实质，指出其严重性、危害性及应吸取的教训，最后写明处理决定。如果是事故通报，在处理决定之后往往还提出防止今后发生类似事故的办法，希望（或要求）受文单位贯彻执行。用语要严肃。

（3）情况性通报。这类通报用于传达上级的重要精神或某一方面工作的重要情况。一般先概述通报的原因、根据、目的，然后清楚地交代通报的事项，最后对事项作一点简要的评议，也可提出一些具体要求。通报能使有关单位或人员及时了解精神，把握工作方向，调整工作部署，改进工作措施。

案例：

国家电力监管委员会关于华中（河南）电网"7.1"事故情况的通报

各电网公司：

2006 年 7 月 1 日，华中（河南）电网因继电保护误动作、安全稳定控制装置拒动等原因引发一起重大电网事故，导致华中（河南）电网多条 500kV 线路和 220kV 线路跳闸，多台发电机组退出运行，电网损失部分负荷，系统发生较大范围、较大幅度的功率振荡。事故发生后，党中央、国务院领导高度关注，电力监管委员会十分重视，立即组成调查组对事故展开调查。目前，事故调查工作已经完成，现将有关情况予以通报。

各单位要认真吸取事故教训，高度重视电力安全生产工作，要切实加强对一次、二次设备以及运行的管理，进一步加强电网规划和建设，不断完善各级应急预案并加强演练，提高应对突发事件的能力，切实防止类似事故的再次发生，确保电力系统的安全稳定运行。

附件：华中（河南）"7.1"事故重大电网事故调查报告

国家电力监管委员会（印章）
二〇〇六年十月八日

四、通知

1. 通知的概念与种类

通知是用于发布规章、批转所属单位公文、转发上级和不相隶属单位公文、传达要求所属单位办理和需要有关单位周知或者执行的事项、任免和聘用干部的公文。通知是下行文或平行文，内容单纯，行文简便，告知性强，是适用范围最广、使用频率最高的一种公文。

根据通知的适用范围，可将其划分为以下几种类型：指示性通知、发布性通知、转发性通知、批转性通知、告知性通知、任免聘用性通知。

2. 通知的主体结构

通知一般由标题、主送机关、正文、生效标识和日期等部分组成。

（1）标题。通知的标题一般由事由、文种构成，如果事由十分重要或非常紧急，可在文种前加上"重要"、"紧急"等词语，如《××供电公司关于灾后抢修线路的紧急通知》。

（2）主送机关。是指此通知的承办、执行和应当知晓的主要受文机关，这些受文机关一般为直属下级机关，或需要了解通知内容的不相隶属的单位。

（3）正文。一般由通知的缘由和目的、通知事项、执行要求三个部分构成。其中，缘由和目的是导语，交代为什么制发该通知；通知事项是正文的核心，如果通知的事项较多，则要分条列款；执行要求是通知的结尾，常用的语句是"请认真贯彻执行"或"特此通知"、"专此通知"之类。

（4）生效标识和成文日期。写法同请示。

3. 不同类型通知的写作

（1）发布性通知。一般用于发布或印发行政法规和规章。内容包括两部分：一是发布通知本身；二是发布对象。写作的重点在发布对象。末尾一般写作"自发布之日起施行"（另行规定施行日期的除外）。

（2）指示性通知。这种通知带有指示性和指导性，下级机关应贯彻执行。内容主要包括两部分：通知原因和应知事项。原因部分写明依据；事项部分要把工作任务、基本措施、原则要求、注意事项等交代清楚。为了醒目，可分条写出。

（3）批转性通知。批转之"批"是批示、批准的意思，"转"是转发。两者合二为一，就是"批转"。批转性通知主要有两种情况：一是上级认为下级机关的请示、报告、总结等所反映的情况和问题，对全局有普遍意义，可以借以指导面上的工作，因而加以批转；二是有些下级机关需要解决的问题，涉及平行的或不相隶属的机关，请求上级机关批转下发，以便推动需要合作完成的工作任务。公文一旦批转，实际上就变成了批转机关的意见，就具备了在一定范围内的执行效力。

批转性通知，包括批转对象和批转通知本身两大部分。通常都写作"××（发文机关）同意《……》，现转发给你们"。

（4）转发性通知。可用于转发上级机关、同级机关或不相隶属机关的文件，如《国务院办公厅转发国资委关于推进国有资本调整和国有企业重组指导意见的通知》。

转发性通知的写作格式与批转性通知相近，通常都写成："现将《……》转发给你们，请（望）……执行（参阅）"。

（5）告知性通知。这类通知主要用于告知有关单位和人员知晓某一事项或交流有关情况信息，只起知照作用，如设置机构通知、启用印章通知、会议通知等。

（6）任免性通知。用于任命、聘用或免去干部和其他人员职务时使用。这类通知写法最简单，只要求写明决定任免的时间、单位、会议或根据的文件以及任免人员的姓名、职务即可。

案例：指示性通知

国家发展和改革委员会关于做好今冬明春煤电油气运工作的通知

各省（区、市）经委（经贸委、工业办），北京、河北、河南、海南、西藏发展改革委（厅），铁道部、交通部、安监总局、煤炭工业协会、神华集团、中煤能源集团公司、中国华能集团公司、中国大唐集团公司、中国华电集团公司、中国国电集团公司、中国电力投资集团公司、国家电网公司、南方电网公司、中石化集团、中石油集团、海洋石油总公司：

2007年元旦、春节将至，为深入贯彻中央经济工作会议精神，切实做好今冬明春煤电油气运生产供应工作，保障全国人民欢度节日和经济平稳运行，现将有关事项通知如下：

1. 加强统筹协调，及时解决运行中出现的问题（略）
2. 切实做好煤炭生产、运输协调，切实保证供应（略）
3. 全力保障电力供应，做好电力需求侧管理工作（略）
4. 努力增加石油天然气有效供给，引导合理需求（略）
5. 认真做好春运期间客货运输，保障三峡船闸安全畅通（略）
6. 努力实现煤电气生产和运输安全，完善应急机制（略）

中华人民共和国国家发展和改革委员会（印章）

二〇〇六年十二月二十八日

案例：转发性通知

转发国家安全生产监督管理总局、国家电力监管委员会
关于两起电厂灰渣库事故通报的通知

各市、州、直管市、林区安全生产监督管理局，有关企业：

今年上半年，全国相继发生两起电厂灰渣库泄漏事故，对广大人民群众生命及财产安全造成严重威胁，并带来严重环境污染。为切实加强灰渣库安全管理工作，现将国家安全生产监督管理总局、国家电力监管委员会《关于两起电厂灰渣库事故的通报》转发你们，结合实际，提出如下意见，请一并贯彻落实。

一、强化灰渣库安全生产主体责任（略）

二、开展灰渣库调查摸底工作（略）

三、加快安全生产许可证的申办工作进度（略）

四、加强灰渣库"三同时"审查工作（略）

五、加强监管，明确责任（略）

××省电力公司（印章）

二〇〇六年九月三十日

案例：告知性通知

关于启用××市电力行业协会公章的通知

各会员单位：

××市电力行业协会业经××市经贸委和××市民政局批复同意成立，准予登记，并于××××年×月×日召开会员大会宣布正式成立。

为便于工作，"××市电力行业协会"公章自发文之日起正式启用。

特此通知。

附件："××市电力行业协会公章"印模

××市经贸委（印章）

××××年×月×日

五、函

1. 函的概念与种类

函是用于不相隶属机关之间商洽工作、询问和答复问题、请求批准和答复审批事项的公文。函是平行文，具有简捷、灵活、方便的特点。它使用范围广，凡是不相隶属的单位之间，平级的党政机关之间，政府及其部门与同级的军事机关、群众团体及其部门之间均可用函。

根据函的定义，函可分为商洽函、问复函、请准函三种。

（1）商洽函。"商"是商请、协商的意思；"洽"是接洽、洽谈的意思。商洽函是行政机关、社会团体、企事业单位之间使用最多的一种公文。特别是有关洽谈人事调转、清偿债务、商品买卖、产权交易等方面的函还受法律的严格保护，可视作合同、协议的补充，一经双方承诺或认可，即产生权利、义务关系，必须遵照执行。

（2）问复函。"问"是询问，"复"是答复。不相隶属的机关之间常有公务上往返问复的文书往来，因互相没有隶属关系，只能用函。在有隶属关系的上下级机关之间，上级对下级可用函，但下级机关对上级的询问事项不得用函答复，而应以报告或其他较函更郑重的公文予以回答，以表示对上级机关的尊重。

（3）请准（审批）函。用于向不相隶属的主管机关请求批准的函叫请准函，主管部门答复请准函的叫审批函。

2. 函的主体结构

函一般由标题、主送机关、正文、生效标识和日期等部分组成。

（1）标题。函的标题一般由制发机关、事由、文种三部分构成，如《国家电力监管委员会办公厅关于内蒙古自治区开展直购电试点工作的复函》。

（2）主送机关。为需要商洽工作、询问情况或答复问题的有关机关。

（3）正文。由行函缘由和具体事项组成。发函用"以上意见，请予函复"，"特此函告"作结；复函用"特此回复"、"特此函复"、"此复"作结。

（4）生效标识和成文日期。写法同其他公文。

3. 写作函应注意的事项

函作为公文，是各级行政机关和单位之间协商工作、传递信息的文书，和普通书信有着本质的区别，在写作上不能像私人函件那样随意而为，应力求做到格式规范，语言得体，内容简明。

案例：

国家电力监管委员会办公厅关于
内蒙古自治区开展直购电试点工作的复函

内蒙古自治区人民政府办公厅：

　　《内蒙古自治区人民政府关于商请开展直购电试点工作的函》（内政字［2006］111号）收悉。经研究，原则同意你厅提出的试点工作方案并就直购电试点进一步开展工作。请你们组织有关单位和参加试点有关各方，按照《国务院关于印发电力体制改革方案的通知》（国发［2002］5号）精神和《关于印发〈电力用户向发电企业直接购电试点暂行办法〉的通知》（电监输电［2004］17号）要求，遵循国家产业政策和环境保护的规定，研究制订试点实施方案，并按有关程序审定后组织实施。

　　特此函复。

国家电力监管委员会办公厅（印章）
二〇〇六年六月十二日

【思考与练习】
1. 说说请示与报告的异同。
2. 写报告时应注意哪些事项？
3. 通报一般可分哪几种？
4. 事故通报要写的主要内容有哪些？
5. 写一则通知或请示。

模块3　公文写作常见错误辨析（TYBZ03802003）

　　【模块描述】本模块介绍公文写作中的常见错误。通过错误辨析、正误对比，掌握避免公文常见错误发生的技巧。

　　【正文】

　　在基层单位的公文写作中，常会出现一些错误。归结起来，这些错误主要集中在格式的使用、文种的运用、公文内容的写作三个方面。下面就列举这三个方面的错误，并加以辨析。

1. 错在格式

（1）错用公文眉首。党的领导机关的专用公文眉首，在红色反线（间隔横线）中间印有一颗红五星，行政公文则没有红五星。有的单位不管是党务公文还是行政公文全用同一种格式，这就错了。

（2）发文字号标识不清。发文字号有发文机关代字、发文年份和发文序号三要素。有的发文机关代字不按规定使用，随心所欲编，影响受文对象的理解和归档。年份理应用阿拉伯数字标全称并加六角括号，如〔2008〕，有的错误地简写为〔08〕，有的用方括号。发文顺序号不能编虚位，不要在序号前面加"第"。

（3）主送机关位置不规范。有的公文主送机关顶格没有顶到位，没有按照国家标准 3 号仿宋体每行排 28 个字这么一个规范长度去顶格。还有的忘了在主送机关和标题之间空一行。主送机关正确的位置应该是：位于标题下空一行，左侧顶格，回行时仍顶格。

（4）盖章不规范。有些单位的用印者没有经过培训，没有很好地学习国家新标准，或者工作上不用心，印章随便压盖在文字上，有时甚至出现空白印章（印章没有压盖任何文字），这极易给伪造印章者提供可乘之机，使国家公文的严肃性大打折扣。正确的做法应该是：① 单一机关制发公文，当印章下弧无文字时，采用下套方式，即仅以下弧压在成文时间上；当印章下弧有文字时，采用中套方式，即印章中心线压在成文时间上。② 两个单位联合行文，将成文时间的字距拉开成一行，左右各空 7 字。两个印章均压成文时间。③ 三个或三个以上单位联合行文，则所有行文单位都署上单位名称，将印章加盖在单位名称上。

（5）成文日期不规范。基层单位制发的公文，成文日期最常见的错误是把"○"写成"0"或"零"，或者年份不用全称。这些都需改正。要特别注意：行政机关公文的成文日期一定要用汉字书写，不能将阿拉伯数字与汉字混用；党委机关的公文则按规定用阿拉伯数字书写。

2. 错用文种

（1）错用"决议"。个别行政机关在对某些重要事项的处理或重要工作的安排上错误地使用"决议"作公文文种。"决议"是党委机关的法定文种，行政机关不用（参见《国家行政公文处理办法》和《国家电网公司公文处理办法》中公文的种类）。

（2）错用"公告"。有的基层单位在某一局部范围告知事情时使用"公告"，似乎这样才显庄重，这是错误的。公告是用来向国内外公布重要事项或法定事项的，公告的制发者只能是行政系统的领导机关。在一定范围内公布应当遵守或周知的事项应该使用"通告"。

（3）错用"请示"。有些单位向不相隶属的单位或者有关业务部门提出某些请求批准或办理的事项时，特地使用"请示"这一上行文种，认为这样做是尊重对方，

模块 3

TYBZ03802003

有利办事。实际上，这样做破坏了行文规则，使用"函"才是正确的。

3. 错在内容

（1）主送单位不规范。有的单位在制发公文时对主送单位采用小范围内使用的习惯简称，这有悖于公文的规范性、严肃性。公文的主送单位应当使用全称或者规范化简称、统称。如果涉及多方面机关单位，同级的则按"先外后内"的顺序排列。

（2）越级行文。有的基层单位认为越级行文可以加快办事效率。其实，这不符合规定。《国家行政机关公文处理办法》规定："一般不得越级请示和报告"。因此，除了特别紧急的情况，上行文都应按隶属关系向上一级机关行文，逐级上报。即使因特殊情况必须越级行文，也应同时抄送被越过的上级机关。

（3）报告中夹带请示。有的基层单位在向上级汇报工作时喜欢顺带向领导请示工作。这是不符合公文的写作要求的，必须奉行一文一事的原则。

【思考与练习】

1. 党的公文与行政公文眉首有何不同？
2. 举例说明公文写作在内容上常出现的错误。

模块 4 公文写作部分常用词语简介（TYBZ03802004）

【模块描述】本模块介绍行政公文的常用词语。通过行政公文常用词语的介绍，达到合理使用常用词语的目的，规范写作。

【正文】

1. 开头用语
用于说明发文缘由、意义、根据，或介绍背景材料及情况等。

例如：为、为了；根据、按照、遵照、依照；鉴于、关于、由于；目前、当前；兹（指现在）、兹有、兹将、兹介绍、兹派、兹聘。

2. 承启用语
用于连接开头与主体文部分，起承上启下作用的惯用语。

例如：根据……决定；根据……特通告如下；依据……公告如下；为了……现决定；为……通报如下；为此，现就……问题请示如下；现将……（情况）报告如下；现就……问题，提出如下意见；经……批准（同意），现将有关事项通知如下；拟采取如下措施；经……研究，答复如下。

3. 引述用语
批复或复函引述来文作为依据的用语。

例如：悉（知道），收悉，电悉，敬悉，欣悉。

4. 批转用语

例如：批转、转发、印发、发布、公布、下发、下达。

5. 称谓用语

例如：我（部）、贵（局）、你（省）、本（部门）、该（处）。

6. 经办用语

例如：经、业经、兹经、未经、拟、拟办、拟定、施行、暂行、试行、可行、执行、参照执行、贯彻执行、研究执行；审定、审议、审发、审批；会议听取了、会议讨论了、会议认为、会议指出、会议强调指出、会议通过了、会议决定、会议希望、会议号召、会议要求、会议恳切呼吁。

7. 表态用语

例如：不同意、原则上同意、同意、不可、可办、照办；批准、原则批准。

8. 综合用语

综合用语是公文中用以连接具体情况叙述和总括性叙述的词语，与承启用语一样具有承上启下的作用。

例如：为此、据此、值此、至此、鉴于此、综上所述、总之。

9. 征询用语

征询用语即公文中表示征请、询问对有关问题的意见的词语，主要用于上行文与平行文的结尾。

例如：当否、可否、妥否、是否可行、是否妥当、是否同意、如有（无）不当、如有（无）不妥、如果可（不）行、意见如何等。

10. 结尾用语

用于请示：当否，请批准。

用于函：请研究函复；盼复；不知尊意如何，盼函告；望协助办理，尽快见复。

用于报告：请指正；请审阅。

用于批复、复函：此复、特此专复；特此函复。

用于知照性公文：特此公告（通告、通知、通报）。

【思考与练习】

1. 列举几组承启用语。

2. 函的常用词语有哪些？

3. 你在公文写作中用过哪些常用词语？

第三章 规章制度类应用文

模块 1 常见规章制度的类型 (TYBZ03803001)

【模块描述】本模块介绍几种常见的规章制度：条例、章程、规定、办法。通过常见规章制度的体例介绍，了解常用规章制度各自的含义、特点及使用范围。

【正文】

规章制度是国家机关、社会团体、企事业单位为了维护国家、集体和人民群众利益，依照有关法律、政策而制定的具有法规性、约束性的一种公文。它的宗旨在于：规范行为，保证工作、学习、生活等有秩序、有原则地进行。电力行业对安全的要求很高，如果不建立健全一整套规章制度，就很难保证安全高效地生产经营。

规章制度是个泛称，它是各种条例、规定、规则、守则、章程、办法、细则、规程、制度等的总称。规章制度一般分为行政法规、章程、制度、公约四类。

行政法规，是根据国家宪法、法律、法令和方针、政策而制定的规章，包括"条例"、"规定"、"办法"、"细则"。

章程，是各政党、社会团体用于本组织成员共同遵守的规章。

制度，是限定在某一业务范围或某一社会组织内部施行的规章，包括"制度"、"规程"、"规则"、"守则"、"须知"等。

公约，是一定范围内社会成员集体讨论约定并要求共同遵守的规章。

本模块要介绍的规章制度有：条例、章程、规定、办法。

一、条例

条例是规章中约束力最强的一种。凡是对某一方面的工作、活动或者对某些机关的组织、职权以及某些专门人员的任务、职责、权限作出原则、系统的规定的，统称之为条例，如《电力供应与使用条例》。

条例一般由职能主管部门制定，经国家权力机关或行政机关批准后实施。

条例都是根据国家的政策、法律制定的，许多条例就是有关政策的具体化，如《电力设施保护条例》就是国家保护电力设施政策的具体体现。所以，条例是做好某项工作的一种依据和保证。

条例由国家权力机关发布，对政治、经济、财政、交通等方面的工作作出原则性规定，具有法定的权威性，相应的部门、范围必须执行。例如，《电网调度管理条例》颁布后，整个电网调度都必须依条例而行。

案例：

电网调度管理条例

第一章　总　　则

第一条　为了加强电网调度管理，保障电网安全，保护用户利益，适应经济建设和人民生活的需要，制定本条例。

第二条　本条例所称电网调度，是指电网调度机构（以下简称调度机构）为保障电网的安全、优质、经济运行，对电网运行进行的组织、指挥、指导和协调。电网调度应当符合社会主义市场经济的要求和电网运行的客观规律。

第三条　中华人民共和国境内的发电、供电、用电单位以及其他有关单位和个人，必须遵守本条例。

第四条　电网运行实行统一调度、分级管理的原则。

第五条　任何单位和个人不得超计划分配电力和电量，不得超计划使用电力和电量；遇有特殊情况，需要变更计划的，须经用电计划下达部门批准。

第六条　国务院电力行政主管部门主管电网调度工作。

第二章　调度系统（略）

第三章　调度计划（略）

第四章　调度规则（略）

第五章　调度指令（略）

第六章　并网与调度（略）

第七章　罚　　则

第二十七条　违反本条例规定，有下列行为之一的，对主管人员和直接责任人员由其所在单位或者上级机关给予行政处分：

（一）未经上级调度机构许可，不按照上级调度机构下达的发电、供电调度计划执行的；

（二）不执行有关调度机构批准的检修计划的；

（三）不执行调度指令和调度机构下达的保证电网安全的措施的；

（四）不如实反映电网运行情况的；

（五）不如实反映执行调度指令情况的；

（六）调度系统的值班人员玩忽职守、徇私舞弊，尚不构成犯罪的。

第二十八条 调度机构对于超计划用电的用户应当予以警告；经警告，仍未按照计划用电的，调度机构可以发布限电指令，并可以强行扣还电力、电量；当超计划用电威胁电网安全运行时，调度机构可以部分或者全部暂时停止供电。

第二十九条 违反本条例规定，未按照计划供电或者无故调整供电计划的，电网应当根据用户的需要补给少供的电力、电量。

第三十条 违反本条例规定，构成违反治安管理行为的，依照《中华人民共和国治安管理处罚条例》的有关规定给予处罚；构成犯罪的，依法追究刑事责任。

第八章 附 则

第三十一条 国务院电力行政主管部门可以根据本条例制定实施办法。省、自治区、直辖市人民政府可以根据本条例制定小电网管理办法。

第三十二条 本条例由国务院电力行政主管部门负责解释。

第三十三条 本条例自一九九三年十一月一日起施行。

二、章程

章程是党派组织、社会团体、经济实体等为保证其组织事务正常运行而规定的要求全体成员共同遵守的纲领性文件。它由该组织或团体制定，经过代表大会通过并发布后正式产生，具有很强的法规性。

国家行政机关及其职能部门不用章程。

章程的内容包括组织的宗旨、性质、任务、组织原则和机构、活动或经营管理、成员的权利和义务、组织的纪律以及违反章程的处罚办法等。内容比较简单的称"简章"。

章程一经通过，即成为该组织或团体的行为、活动准则。所以，章程的制定要力求周密、严谨、规范、合理，不能含糊其辞，不能有疏漏。表达要准确、简明、庄重。

章程具有相当的稳定性，但也不是一成不变的，随着情况的发展变化，组织或团体的最高权力机构也可以对章程内容作出修改，以适应新的需要。

案例：

××电力行业协会章程

第一章 总则

第一条 本会的名称：××省电力行业协会。英文译名：……，英文缩写：FEPSA。

第二条 本会是××省境内从事电力工业生产、建设、经营、供应、培训、科研等企事业单位，大电力用户以及从事电力工业的相关工作者自愿组成的行业性非营利的社会团体。

第三条 本会的宗旨是：坚持四项基本原则和解放思想、实事求是的思想路线，遵守宪法、法律、法规和国家政策，遵守社会道德风尚；组织开展国内外先进企业管理理论、体制、制度、机制、方法、手段和政策的探讨和研究，交流和推广本省电力有效的管理经验；努力发挥中介作用，为我省电力工业市场化、现代化和可持续发展服务，为企业、为行业、为政府、为社会服务。

第四条 本会接受业务主管单位××省经济社团联合会、社团登记管理机关××省民政厅的业务指导和监督管理。

第五条 本会的住所：××省××市五四路 264 号省电力有限公司大楼 808、810 室。

第二章 业务范围（略）

第三章 会员（略）

第四章 组织机构和负责人产生、罢免（略）

第五章 资产管理、使用原则（略）

第六章 章程的修改程序（略）

第七章 终止程序和终止后的财产处理（略）

第八章 附则

第四十六条 本章程经 2000 年 9 月 28 日首届会员代表大会表决通过。

第四十七条 本章程的解释权属本会理事会。

第四十八条 本章程业经社团登记管理机关核准。

三、规定

规定是规章制度中使用范围最广、使用频率最高的文种。

规定是国家机关、社会团体、企事业单位针对某项具体工作或专门问题所提出的要求和规范，由主管部门或机关依据国家的法律、政策制定。

规定具有较强的约束力，内容上既有原则性要求，又有具体措施和办法，可操作性较强。

规定和条例比较，有如下不同：① 规定所涉及的工作或问题不如条例重大，其法规性、约束力也不及条例强。② 从时间上看，条例在相当时间内比较稳定，而规定带有阶段性。③ 规定比条例的针对性更强。条例常常针对带规律性的问题或普遍情况而发，比较概括；而规定一般针对某项事务，比较具体。例如，《电力监管条例》与《电力监管机构现场检查规定》相比较，仅从标题上就可看出，前者更为原则，后者针对性更强，比较具体。

案例：

电力监管机构现场检查规定

第一条 为了加强电力监管，规范电力监管机构现场检查行为，维护电力投资者、经营者、使用者的合法权益和社会公共利益，根据《电力监管条例》和有关法律、行政法规的规定，制定本规定。

第二条 本规定适用于国家电力监管委员会及其派出机构（以下简称电力监管机构）进入电力企业或者电力调度交易机构的工作场所、用户的用电场所或者其他有关场所，对电力企业、电力调度交易机构、用户或者其他有关单位（以下简称被检查单位）遵守国家有关电力监管规定的情况进行检查。

电力监管机构进行电力事故调查、对涉嫌违法行为的立案调查、对有关事实或者行为的核查，法律、法规、规章另有规定的，从其规定。

国务院决定或者批准进行的专项检查，其范围、内容、时限和程序另有规定的，从其规定。

第三条 电力监管机构进行现场检查应当统筹安排，注重实效。

第四条 电力监管机构进行现场检查应当事先拟定现场检查方案，经电力监管机构负责人审核批准后，制作现场检查通知书。

现场检查方案应当包括检查依据、检查时间、检查对象、检查事项等内容。

现场检查通知书应当包括检查依据、检查时间安排、检查事项、检查人员名单、被检查单位配合和协助的事项等内容。

第五条 电力监管机构应当事先将现场检查通知书的内容告知被检查单位。必要时，可以持现场检查通知书直接进行现场检查。

电力监管机构进行现场检查时，应当出具现场检查通知书。

第六条 电力监管机构进行现场检查时，检查人员不得少于2人。

检查人员进行现场检查时，应当出示电力监管执法证；未出示电力监管执法证的，被检查单位有权拒绝检查。

第七条 电力监管机构可以根据需要聘请具有相关专业知识的人员协助检查。

第八条 被检查单位及其工作人员应当配合和协助电力监管机构进行现场检查。

第九条 检查人员可以根据需要，询问被检查单位的工作人员，要求其对有关事项作出说明。询问时，检查人员不得少于2人。

被询问人应当客观、如实地向检查人员作出说明，不得隐瞒、捏造事实。

检查人员应当做好询问笔录。询问结束时，被询问人应当当场校核询问笔录并签字。

第十条 检查人员根据需要可以查阅、复制与检查事项有关的文件、资料，对可能被转移、隐匿、损毁的文件、资料予以封存。

被检查单位应当按照检查人员的要求提供有关资料、文件。

检查人员查阅、复制有关文件、资料，应当办理相关手续并妥善保存。

第十一条 检查人员进行现场检查时，发现被检查单位有违反国家有关电力监管规定的行为的，应当责令其当场改正或者限期改正，并制作笔录，由检查人员和被检查单位负责人签字确认。

责令限期改正的，被检查单位应当在规定的期限内提交限期改正的情况报告。逾期未改正的，电力监管机构可以继续进行现场检查。

第十二条 现场检查结束后，检查人员应当向电力监管机构提交现场检查报告。现场检查报告应当包括现场检查的基本情况、基本结论以及有关问题的处理情况等内容。

第十三条 现场检查结束后，电力监管机构应当及时向被检查单位反馈检查结果；必要时，可以按照有关规定向社会公开检查结果。

第十四条 电力监管机构对现场检查中发现的违法行为，依法应当给予行政处罚的，按照有关规定给予行政处罚。

第十五条 检查人员应当严肃执法、廉洁奉公。

检查人员有下列情形之一的，根据情节轻重，给予批评教育或者行政处分；构成犯罪的，依法追究刑事责任：

（一）违反规定的程序进行现场检查的；

（二）干预被检查单位正常的生产经营活动的；

（三）利用检查工作为本人、亲友或者他人谋取利益的；

（四）泄露检查工作中知悉的国家秘密、商业秘密、个人隐私的；

（五）其他违反现场检查规定的行为。

第十六条 被检查单位及其工作人员有下列情形之一的，按照《电力监管条例》第三十四条和国家有关规定处理：

（一）拒绝或者阻碍检查人员依法履行监管职责的；

（二）提供虚假或者隐瞒重要事实的文件、资料的。

第十七条 本规定自 2006 年 5 月 15 日起施行。

四、办法

办法是国家行政主管部门对贯彻执行某一法律、法令或进行某项工作提出具体规定的规范性文件，如《电力安全生产监管办法》。

办法介于条例、规定与细则之间，是对国家法律、法令、主管部门的规定或要求以及企业内部有关规定作出的具体的、执行性的、可操作性的规定，或者是对某项工作的方法、步骤、措施等作出的规定。

根据内容、性质的不同，办法可分为实施文件办法和工作管理办法两类。

实施文件办法是指对国家法律、法令或上级有关文件在本单位、本部门的实施所作出的具体的、执行性的、可操作性的规定。例如，《国家电网公司法律文书归档管理办法（试行）》是对《中华人民共和国档案法》等法律在本企业内部贯彻执行的具体规定。

工作管理办法是指对开展某项工作或某方面工作的方法、步骤、措施等的具体规定，目的是做到有章可循、便于操作。例如，《××供电公司电费管理办法》是对电费收缴、管理、使用等方面工作的方法、步骤、措施等的具体规定。

案例：

电力争议调解暂行办法

第一章 总 则

第一条 为了依法、公正、及时调解电力争议，保障电力市场主体的合法权益，维护电力市场秩序，根据有关法律、行政法规，制定本办法。

第二条 本办法所称电力争议，是指电力业务经营者、电力调度交易机构、用电人之间在电力市场活动中因履行合同发生的争议。

第三条 电力争议调解实行自愿原则。

第四条 国务院电力监管机构及其派出机构（以下简称电力监管机构）负责电力争议调解工作。

第五条 电力监管机构调解电力争议，应当符合法律、行政法规的规定，以事实为依据，遵循公平、公正、合理的原则。

第二章 调解机构和调解员（略）
第三章 申请和受理（略）
第四章 调解（略）
第五章 调解终结（略）
第六章 附 则

第二十七条 本办法所称电力业务经营者，是指发电企业、输电企业、供电企业及从事电力业务的其他企业。

第二十八条　电力监管机构调解电力争议不收取任何费用。

第二十九条　本办法自 2005 年 7 月 1 日起施行。

【思考与练习】

1. 指出规章制度的含义。
2. 章程一般适用于哪些范围？
3. 在所有规章制度中，约束力最强的应该是哪一种？
4. 规定和办法有什么不同？

模块 2　电力企业规章制度（TYBZ03803002）

【模块描述】本模块介绍电力企业规章制度。通过电力企业典型规章制度的介绍，了解电力企业规章制度的特点以及与其他法律法规的联系。

【正文】

电与人们的生活及现代文明息息相关。电力是国民经济发展的重要能源。电力企业在国民经济的发展中占据十分重要的位置。为了保障电力企业安全、稳健地发展，国家颁布了一系列电力法律、法规，用来调整电力行业的各种关系。电力企业内部也根据行业特点，制定了诸多的规章制度，以保障电力设备和人身的安全，保证生产管理有序进行。

电力企业规章制度有如下几个层次：

（1）法律层。电力企业规章制度的制定有一个共同的前提，就是不能与国家权力机构制定的法律相违背、相抵触。每一项规章制度都必须符合党和国家的方针、政策，符合法律规定。所以，法律处于电力企业规章制度的最高层。在法律层里，与电力企业联系最紧密的法律是《中华人民共和国电力法》。

（2）行政法规层。这里专指国务院制定的电力规章，在全国范围内普遍适用，如《电力设施保护条例》、《电力供应与使用条例》、《电网调度管理条例》、《电力监管条例》。在电力企业的规章制度里，行政法规的效力最高。

（3）行业规章层。行业规章是原电力工业部、原能源部、电力监管委员会针对电力行业的特点制定的规章，大多是对行政法规的细化或延伸，在整个电力行业适用。行业规章如《电力设施保护条例细则》、《电网调度管理条例实施办法》、《用电检查管理办法》、《供电营业规则》、《电网运行规则（试行）》、《供电营业区划分及管理办法》、《电力行业标准化管理办法》、《电力业务许可证管理规定》等。它们的特点是针对性和约束力都很强。

（4）地方性法规、规章层。地方性法规、规章由电力企业所在的省、自治区、直辖市以及较大的市的人民政府根据法律和行政法规，按照规定程序制定，对本区域内的电力企业普遍适用，如《××省电力设施保护实施办法》、《××省预防和查处窃电行为条例》。

（5）企业制度层。这里指电力企业内部制定的一些章程制度，如《××电力公司章程》、《××供电公司员工守则》、《××电力公司服务区文明公约》。章程制度类公文在实际工作中使用非常广泛。它是加强企业管理、保证各方面工作和事务有章可循的重要措施和手段，是法律、法规、规章的必要补充和有力辅助，同样具有规范性和约束力，受约束的对象必须严格遵守，不能违反。

【思考与练习】

1. 电力企业规章制度有哪几个层次？
2. 例举几个电力行业规章。
3. 为某电力企业拟写一份关于某项工作的管理制度。

模块 3 规章制度的基本格式和写法（TYBZ03803003）

【模块描述】本模块介绍规章制度的基本格式和写法。通过格式讲解、体例介绍，掌握一般规章制度的写作方法。

【正文】

规章制度的结构一般包括以下几个部分。

一、标题

标题一般由施行范围、事由、文种三要素组成，其写法可以是：

"施行范围"+"事由"+"文种"的完全式，如《××省电力公司安全生产条例》。

"事由"+"文种"，如《用电管理规定》。

"施行范围"+"文种"，如《××省电力行业协会章程》。

如果规章制度是草案或暂行、试行的，可加括号注明于标题下面或后面，也可在标题内写明"暂行条例"等。

二、签署

签署置于标题的下面，用括号标明发布机关和发布日期，如《中华人民共和国契税暂行条例》（国务院 1997 年 10 月 1 日发布）。有些重要的规章制度，在签署中还标出经过某种会议通过、何时批准，如《香港特别行政区选举第十届全国人大代表的办法》（2002 年 3 月 15 日九届全国人大五次会议通过）。一般的规章制度如普通规定，签署可放在正文之后。如标题中已标明发布单位，签署时可不签发文单位，只标明时间就可以了。

三、正文

正文在结构上一般分为总则、分则、附则三部分。内容多的可分章节，章节中又分若干条款。章节条款的层次，由大到小依次可分为编、章、节、条、款、目、项七级。规章制度一般有章、条、款三层，均用汉字数词标序，前一章的"条"写完，下一章的"条"按序码接上，叫做"章断条连"。内容较少的规章制度只分条款，不分章节，也不分总则、分则、附则，条款写完即正文结束。

（1）总则。也称"总纲"、"序言"，一般用来说明制定规章制度的目的、依据、原则和适用范围等，可采用条文形式写，也可用前言的形式写。分章节写的规章制度，总则在第一章。内容较少、不分章节的规章制度，其总则的内容放在篇首的前几条。

（2）分则。是规章制度的主体部分，具体、集中写明规章制度的内容。如果分则的内容很多，可按主次或一定的逻辑顺序分章节写；还可先分章，再拟定小标题。如公司章程，就可在章节中拟一些小标题：公司的宗旨、公司的名称及经营范围、公司的组织机构、公司成员的权利与义务、公司利润的分配形式等。分章节和拟小标题，条理清晰，有利于对内容的把握。内容较简单的规章制度只需分条款即可。

（3）附则。附则在正文的最后一章或通条的最后几条，用以对正文进行补充，对未尽事宜进行说明，如说明生效日期、适用范围、实施要求、修订权、解释权等。如果总则和分则已把所有内容写明，也可不要附则。

案例：

电力企业信息报送规定
（电监会 13 号令）

第一章　总　　则

第一条　为了加强电力监管，规范电力企业、电力调度交易机构信息报送行为，维护电力市场秩序，根据《电力监管条例》，制定本规定。

第二条　电力企业、电力调度交易机构向国家电力监管委员会及其派出机构（以下简称电力监管机构）报送与监管事项相关的文件、资料，适用本规定。

第三条　电力企业、电力调度交易机构报送信息遵循真实、及时、完整的原则。

第四条　电力监管机构根据电力企业、电力调度交易机构报送的信息，对电力企业、电力调度交易机构依法从事电力业务的情况实施监管。

第二章　报送内容

第五条　从事发电业务的企业应当报送下列信息：

（一）企业基本情况；

模块 3

TYBZ03803003

（二）签订和履行并网调度协议、购售电合同的情况；

（三）上网电价情况；

（四）电力安全生产情况；

（五）电力监管机构要求报送的其他信息。

第六条　从事输电业务的企业应当报送下列信息：

（一）电网结构情况，网内发电装机分布和容量情况；

（二）签订和履行购售电合同的情况；

（三）执行输电电价情况；

（四）输电成本构成及其变动情况；

（五）电力安全生产情况；

（六）电力监管机构要求报送的其他信息。

第七条　从事供电业务的企业应当报送下列信息：

（一）提供供电服务的情况；

（二）提供电力社会普遍服务的情况；

（三）执行配电电价、销售电价的情况；

（四）供电成本构成及其变动情况；

（五）电力安全生产情况；

（六）电力监管机构要求报送的其他信息。

第八条　电力调度交易机构应当报送下列信息：

（一）电力系统运行基本情况；

（二）执行电力市场运行规则、电力调度规则和电网运行规则的情况；

（三）跨区域或者跨省、自治区、直辖市送电情况和电能交易情况；

（四）签订和履行并网调度协议的情况；

（五）电力安全生产情况；

（六）电力监管机构要求报送的其他信息。

第三章　报送程序

第九条　国家电力监管委员会区域监管局城市监管办公室（以下简称城市电监办）辖区内的电力企业、省级电力调度机构向城市电监办报送信息。城市电监办汇总后报国家电力监管委员会区域监管局（以下简称区域电监局）。

未设立城市电监办的省、自治区、直辖市范围内的电力企业、省级电力调度机构，直接向所在区域电监局报送信息。

第十条　中国南方电网有限责任公司、国家电网公司所属区域电网公司、区域电力调度交易机构向区域电监局报送信息。

第十一条　区域电监局汇总本辖区内的信息，报国家电力监管委员会（以下简称电监会）。

第十二条 中央电力企业、国家电力调度机构向电监会报送信息。

第十三条 电力企业、电力调度交易机构应当指定具体负责信息报送的机构和人员，并报电力监管机构备案。

第十四条 电力企业、电力调度交易机构报送信息，应当经本单位负责的主管人员审核、签发，重要信息应当经主要负责人签发。

第四章 报送方式（略）

第五章 信息使用

第二十一条 电力监管机构审查电力企业、电力调度交易机构报送的信息，发现有违反电力监管法规、规章情形的，应当责令其改正并按照有关规定做出处理。

第二十二条 电力监管机构审查电力企业、电力调度交易机构报送的信息，发现电力企业、电力调度交易机构在安全生产、成本管理和服务质量等方面存在问题的，应当对其提出整改建议。

第二十三条 电力监管机构整理、分析电力企业、电力调度交易机构报送的信息，适时向社会公开。

第六章 监督管理（略）

第七章 附 则

第二十九条 区域电监局根据本规定制定实施办法，报电监会批准后施行。

第三十条 本规定自 2006 年 1 月 1 日起施行。

【思考与练习】

1. 规章制度的结构一般包括哪几部分？

2. 规章制度的正文一般有哪两种写法？

3. 按"总则、分则、附则"的格式拟写一份规定的提纲。

模块
3

TYBZ0380003

第四章 事 务 文 书

模 块 1 计划（TYBZ03804001）

【模块描述】本模块介绍计划的概念、作用、种类以及计划的结构和写作要求。通过计划写作方法的讲解和体例介绍，熟练掌握各种计划的写作。

【正文】

一、计划的概念、作用和种类

1. 计划的概念

计划是为在预定的时间内实现目标而预先作出安排部署所使用的普通事务文书。

计划包括规划、要点、方案、设想、打算、意见、安排、策划等。其中，"规划"适用于时间较长、内容较广的工作；"安排"适用于短时间内的工作；"设想"适用于粗线条的勾画；"要点"是对工作重点的概括；"方案"适用于比较复杂的工作；"策划"具有整体性、长期性、步骤性和方法性，既有现实状况的调查分析，又有策略的明确提出。

2. 计划的作用

在机关团体、企事业单位乃至整个国家的管理工作的正常运行中，计划都起着必不可少的预测、监督和指导作用。有了计划，就有利于掌握工作的进度并及时检查总结工作。

（1）计划体现党和国家的路线、方针、法规和政策。

（2）计划有助于工作目标和任务的完成。计划都有明确的奋斗目标，也有为实现目标所制定的具体措施与办法。

（3）计划具有指导、推动和监督作用。

3. 计划的特点

（1）预见性。计划不仅对将来一段时间内所要达到的目标作出预测，同时还要对实现这一目标所要做的工作、方法与步骤作出详尽的安排与部署，使这一目标得以顺利及时地完成。

（2）实践性。任何计划都要把它拿到实际的工作中去指导实践，才能检验它的正确与否。计划与现实工作紧密相连，不能在现实工作中指导实践的计划是没有意义的。

（3）科学性。计划应当是科学的，是对各种信息的收集、归纳、鉴别、分析、加工的结果。它决不是凭主观的臆断或推测得出来的东西。计划应当目标具体、明确、适当，方法与步骤切实可行。计划的步骤、措施、方法与要求都要经过科学的预测与论证，尽量做到切实可行，充分起到统筹工作、调动积极性的作用。

4. 计划的种类

根据不同的分类标准，计划有不同的类别。

按时间分，有月份计划、季度计划、年度计划、近期计划、长远计划等。

按性质分，有指令性计划与指导性计划等。

按范围分，有班组计划、单位计划、系统计划、地区计划、国家计划及国际的合作计划等。

按内容分，有专项计划与综合计划等。

按写法分，有条文式计划与表格式计划。

二、计划的结构和基本内容

结构大致有标题和正文两部分。

（一）标题

标题通常有两种：一种是由"单位+时间+内容+文种"构成，计划的单位与时间界限的位置可前可后，根据需要来确定，如《×××市供电公司 2008 年度职工培训计划》；另一种是由"单位+内容+文种"构成，多用于专项计划，如《×××供电营业所落实优质服务的专项计划》。

有的计划还没有最后定稿，一般会在标题的后边或者下边写上"草稿"、"初稿"、"试行稿"、"征求意见稿"、"送审稿"、"待批稿"等字样。如《×××省"十一五"扶贫攻坚计划（初稿）》。

（二）正文

正文包括前言、主体和结尾三个部分。

1. 前言

一般说明制订计划的指导思想、依据等内容，即为什么要订计划、根据什么订计划等。

2. 主体

主体包括任务目标、措施办法和要求三部分，称为计划三要素。

任务目标是计划的基本要求。它是工作的动力和方向，没有目标的工作必定是盲目和杂乱的。任务目标可以是长远的，也可以是短期的。任务目标要切实可行。

措施办法是为达到目标所要采取的具体办法，也就是怎样做。它包括组织分工、进程安排、人力物力和方式方法等。组织分工即安排哪项任务由哪个单位或部门负责并分清应负的责任，以免计划实施起来因无人负责而不能落实。进程安排是指一项目标要分期完成，人力与物力要合理配置，以便充分调动各方面的积极因素。要根据工作难易和条件的好坏进行工作的调配，以避免有的项目人浮于事、物资闲置，而有的项目却人员过少、物资短缺。这一部分往往关系到目标任务能否按质、按量、按时完成，因此务必写得详细、具体、周密，具有切实的可操作性。

要求是对目标任务完成的质量、时间、数量上的要求。

目标、措施、要求三者是相互联系、相互影响的。目标是前提基础，措施是实施保证，而要求则是监督机制。

3. 结尾

结尾部分往往是对计划实施前景的展望，同时向全体成员发出号召以鼓舞士气，激励人们为实现目标和美好的前景而努力工作。

三、计划的写作要求

不论制订哪种计划，都必须注意掌握五条原则：第一，对上负责的原则。要坚决贯彻执行党和国家的有关方针、政策和上级的指示精神，反对本位主义。第二，切实可行的原则。要从实际情况出发定目标、定任务、定标准，既不要因循守旧，也不要盲目冒进。第三，集思广益的原则。要深入调查研究，广泛听取群众意见，博采众长，反对主观主义。第四，突出重点的原则。要分清轻重缓急，突出重点，以点带面，不能眉毛胡子一把抓。第五，防患未然的原则。要预先想到实行中可能发生的偏差，可能出现的故障，有必要的防范措施或补充办法。

案例：

220kV××变电站 2008 年安全教育计划

为了全面贯彻"安全第一，预防为主，综合治理"的方针，确保全年安全生产，让每一位职工真正做到"懂安全、会安全、讲安全"，现制定 2008 年度安全教育计划：

（1）及时传达、学习安全快报及事故通报，牢记教训，时时警醒，举一反三，克服麻痹思想。

（2）每周一次的安全活动要扎扎实实地落到实处，不搞形式，不走过场，使安全意识实现从"要我安全"到"我要安全"的转变。

（3）定期组织学习安规、调规、二十五条反措、事故汇编、两票实施细则等规程、规定，使职工掌握安全保障技能，提高职工的自我保护意识。

（4）强化职工（重点加强新上岗职工）的学习意识，定期对职工进行安全知识和业务技能考试，提高职工的安全意识和业务技能。

（5）每月组织一次反事故演习及事故预想活动，根据站内可能发生的各种情况、别的站所出现的情况以及事故通报有关联的内容，制订相应的应对方案，并组织反事故演习活动，提高职工的事故处理及应变能力。

（6）认真开展春、秋季安全生产大检查和安全性评价活动，搞好自查和整改工作，加强设备管理，提高设备健康水平。

（7）抓好"班组控制异常和未遂"工作，进一步规范和落实"班组控制"具体措施，加强日常巡查，强化监督力度，确保全年安全生产无事故。

具体落实计划如下：

序号	教育内容	落实人	计划完成时间
1	坚持每周开展安全活动。学习安全简报、事故通报、传达学习领导讲话、电视电话会议精神等	×××	全年
2	组织学习安规、调规、二十五条反措、事故汇编等规程	×××	全年
3	加强《变电运行人员安全生产责任制》的学习，严格按照规章制度进行考核，贯彻学习"变电运行作业指导书"	×××	全年
4	加强××省电力公司《两票实施细则》的学习，严格执行两票考核制度	×××	全年
5	加强安全性评价、三级控制的学习教育	×××	全年
6	学习《××省电力公司违章处罚规定》及《××省电力公司安全奖惩规定》	×××	全年
7	学习防电气设备误操作事故及防火灾事故，加强对消防知识的培训，并组织演习	×××	全年
8	加强防误闭锁学习和管理，要求人人熟悉、掌握	×××	全年

2008 年安全教育计划落实情况

序号	内容	主持人	记录人	落实时间
1				
2				
3				
4				
⋮				

【思考与练习】

1. 什么是计划？计划有什么特点？

2. 计划的制订要注意哪些问题？

3. 为你所在的班组或公司拟写一份年度工作计划。

模块 2　总结 （TYBZ03804002）

【模块描述】本模块介绍总结的概念、作用、种类、结构和写作要求。通过总结写作方法的讲解和体例介绍，熟练掌握不同层次总结的写作。

【正文】

一、总结的概念、作用和种类

1. 总结的概念、作用

总结是机关团体、企事业单位对自身某一阶段或某一项工作进行总的回顾，找出内在规律，以指导未来实践而使用的事务文书。

总结的目的，是通过对自身工作中的优点与缺点的回顾分析，吸取经验教训，并把感性认识上升到理性认识的高度，以便做好今后的工作。因此，总结在整个工作流程中具有承上启下的作用。

2. 总结的特点

（1）经验性。总结和计划相反，是在事后进行的。总结的材料必须真实，包括典型材料和数据，这样才有实践意义。

（2）规律性。总结不是把发生过的事实罗列在一起。它必须对搜集来的事实、数据等进行认真的整理、分析和研究，找出某种带有普遍性的规律。总结是否具有理论性、规律性，是衡量一篇总结好坏的重要标志。

（3）借鉴性。总结对以后的工作具有借鉴作用。

3. 总结的分类

按照不同的分类标准，总结可以分成如下不同的类别：

按总结的时间限度来分，可以分为月份总结、季度总结、年度总结等。

按总结的范围来分，可以分为班组总结、部门总结、单位总结等。

按总结的性质来分，可以分为工作总结、学习总结、生产总结、思想总结、劳动总结、会议总结和科研总结等。

按总结的内容来分，可以分为综合总结和专题总结等。

二、常见总结的基本内容

综合总结，又称全面总结，是对社会组织在一定时间内各项工作的整体综合和全面概括的总结。其特点是内容广泛，篇幅较长。它既要反映纵的系统，又要反映横的断面，要求综合反映工作的全貌和全方位的情况。它的内容包括基本情况的叙述与介绍、成绩经验的总结、失败教训的吸取以及今后努力的方向等。

专题总结，又叫单项总结，是对社会组织在一定时间内某一项工作或某一个问题所做的总结。这类总结往往内容单一集中，针对性强，因而对以后的同类工作帮助很大。

三、总结的结构

一般包括标题、正文和落款三个部分。

1. 标题

总结的标题有几种写法。综合性总结的标题一般采用"单位+时限+文种"，如《××电力公司 2008 年度工作总结》。专题性总结的标题则较为灵活，它可以是观点的揭示或者内容的概括，如《××供电公司服务创一流经验总结》。

有的总结为了使重点更突出，常采用双标题的写法，即采用正副标题的形式。正标题往往用来揭示总结的主题，副标题则指明总结的单位、内容、时间等，如《责任重于泰山——××超高压公司抗雪灾总结》。

2. 正文

总结的正文一般包括前言、主体和结尾三个部分。

（1）前言。用最精炼的文字，概括地交代总结的基本内容，如总结的主要内容、时间、地点、背景、事件经过等。也可以将总结出来的规律性的认识、主要的经验或教训、主要的成绩或存在的问题用简短概括的文字写出来。

（2）主体。主体部分是总结的重点，一般要阐明三方面内容：① 成绩经验。对过去的物质成果和精神成果及其成功原因与条件进行分析归纳。一般是先把成绩归纳出来，再分析出经验；也有的总结是把经验寓于做法之中，把经验和成绩糅合起来写。常见的写法有两种：第一种是并列式，即把总结的成绩经验按若干个方面来介绍；第二种是递进式，即将工作成绩和经验按时间先后的顺序来安排。② 问题教训。问题是实在的情况，教训是有规律性的认识。一般来说，总结要经过有关领导或者与会代表的认可，对问题教训要客观分析，不能轻描淡写。③ 今后努力的方向。这部分只写个大概，分量要少。

（3）结尾。有两种写法：一是总结式，用几句概括性的话对正文内容作结；二是展望式，用简短的语言对未来的工作作一个展望，展示美好的前景。有的总结没有结语。

3. 落款

总结的落款要写明总结的单位名称以及成文年月日。如果在标题中已标明了总结的单位名称，落款中这一部分便可以省略。

四、总结的写作要求

（1）事实为据，准确可靠。以往事件是总结唯一依据。事件材料必须真实可信，数字要准确可靠，背景材料要有辅助性。切忌闭门造车，随意编造事实或数据，或者欺上瞒下，走过场。

（2）分析事实，找出规律。经验与教训是一篇总结的重点。要从自己掌握的事实与材料中提炼出规律性的理论认识，这样的总结才有意义。

（3）点面结合，重点突出。写总结容易犯大而全的错误。应当认真总结工作特点，抓精华，找典型，这样的总结才不会千篇一律，才具有指导意义。

案例：

电力基层队 2004 年度安全工作总结

我队自建队以来，始终把"安全生产"放在首位，在 2004 年度，通过强化职工安全意识、制订落实安全制度、加强安全防护措施等一系列工作，实现了全年生产安全无事故的目标。具体做法有：

一、狠抓安全管理，实现安全生产无事故

加大对员工的安全培训工作，提高全员的安全意识，利用"周一"安全活动以及班前的安全讲话和安全生产的派工单等一系列的安全制度，强化全员的安全意识。……（略）。

二、制订详细的电力线路反事故技术措施（事故应急预案）

（1）加强对线路本体的维护工作，强化线路的抗灾能力。……（略）紧急缺陷不过夜，重大缺陷不过周，一般缺陷有安排。

（2）开辟线路通道，保证在恶劣天气下不影响线路正常供电。主要是对油区高压线路下的树木进行砍伐，避免因树木顶线或倒斜而引起的线路停电。

（3）加强设备本体管理。主要是加强对变压器、避雷器、开关等电气设备的维护工作。对不合格、有问题的设备要及时处理。对部分运行时间长、型号落后的设备进行更换。

（4）加强设备和线路中接地装置的检查和整改。特别是在雨季来临之前，对线路进行全面检查和整改，避免部分地点造成线路停电和设备损坏。

（5）应急组织措施：本队要保证 24h 干部值班，并保证值班电工坚守岗位。接到突发停电事故通知后，立即组织人员，备齐安全用具，带齐备品、备件赶赴事故现场，做好安全措施后，进行抢修。

三、集中力量整改线路隐患，做好线路设施的安全工作

今年以来，根据供电大队生产计划安排，紧紧围绕"安全平稳供电"的指导思想，我们具体做了以下工作：……（略）

四、夯实安全基础工作，确保雨季安全

在 7 月份雨季来临之际，针对雨季作业施工实际情况，强化安全管理，着重抓两方面的工作：一是提高职工的安全意识，抓好班前讲话和班组的日常安全管理；

二是现场安全的纠违章挖隐患……（略）

五、紧抓安全教育工作，警钟长鸣

每月组织职工进行一次安全教育，干部每天早晨在生产会上给职工讲解安全规程，并通过一些外单位的安全事故案例的分析，让每一个人从事故中吸取教训，时刻把安全工作摆在重中之重的位置……（略）

在今后的工作中，我队将一如既往地对安全工作狠抓落实，加强对员工的安全教育，提高全员安全意识，更好地完成上级下达的各项生产任务。

2005 年 1 月

【思考与练习】

1. 总结有些什么类别？

2. 综合性总结与专题性总结有什么区别？

3. 结合本单位实际写一篇年终总结。

模块 3 述职报告（TYBZ03804003）

【模块描述】本模块介绍述职报告的概念、作用、基本格式和写作要求。通过述职报告写作方法的讲解和体例介绍，熟练掌握述职报告的写作。

【正文】

一、述职报告概述

述职报告可以说是工作报告中的总结性报告，是机关或部门的负责人向上级管理机关陈述自己某一阶段履行职务的情况，对工作进行总的回顾，找出内在规律，以指导未来实践的事务文书。述职报告与总结和讲话稿相似，但又具有自己的特点：

（1）个人性。述职报告对自身所负责的组织或者部门在某一阶段的工作进行全面的回顾，按照法规在一定时间（立法会议或者上级开会期间和工作任期之后）进行，要从工作实践中去总结成绩和经验，找出不足与教训，从而对过去的工作做出正确的结论。与一般报告不一样的是，述职报告特别强调个人性。个人对工作负有职责。自己亲身经历或者督查的材料必须真实。

（2）规律性。述职报告要写事实，但不是把已经发生过的事实简单地罗列在一起。它必须对搜集来的事实、数据、材料等进行认真的归类、整理、分析、研究，从中找出某种带有普遍性的规律，得出公正的评议。评议不是逻辑论证式，而是论断式，因为自身情况就是事实论据。述职报告是否具有理论性、规律性，是衡量一篇述职报告好坏的重要标志。

（3）通俗性。面对会议听众，要尽可能让个性不同、情况各异的与会代表全部听懂，这就决定了述职报告必须具有通俗性。内容应当通俗易懂，结构格式化，语言口语化。

（4）艺术性。述职报告的艺术性是其魅力所在，因此写作述职报告必然联系整体的讲话特点来进行。

二、述职报告的基本格式

述职报告的外在结构是格式化的，包括标题、称谓、正文和署名四部分。

（一）标题

1. 单行标题

"述职报告"或者"在……（上）的述职报告"。

2. 双行标题

正题写主题，或者写述职报告类型；副题写述职场合。

（二）称谓

称谓是报告者对听众的称呼。称谓要根据会议性质及听众对象而定，放在标题之下正文的开头。根据需要，有时在正文中间也适当穿插使用。

（三）正文

正文的写法依据报告的场合和对象而定，一般采用总结式写法，共分以下四部分。

1. 基本情况

履行职责的基本情况，如主要情况、时间、地点、背景、事件经过等，其内容主要包括：

（1）工作过程。

（2）内容概括（成绩、经验为主）。可以将总结出来的规律性的认识、主要的经验或教训、主要的成绩或存在的问题用简短概括的文字写出来。

（3）主要认识。用语平直、概括、简短。用最精炼的文字概括地交代，使听众对报告的全貌有一个大致的了解；同时也能够统领全篇，激发听众的兴趣，启发和引导听众积极思考。

2. 成绩经验

要分出层次来分析证明主题，做到条理分明。层次安排方法，一般采取横向排列。（各层次独立性强，共同论证主题的正确。）

每一层次都要有一个小的主题，写成层义句；一般写在层次前面，或者每一层次前后都要写出。也有的层义句写成了小标题，还可以是口号（主题句）的反复。层次中间要恰当运用材料。

3. 问题教训

要实实在在，要有条理，不要避重就轻。

4. 今后计划

今后计划包括目标、措施、要求三要素，要切实可行。

报告结束时要有礼貌用语，如："以上述职报告妥否，请予审议。谢谢大家！"

（四）落款

述职报告的落款要写明自身姓名及单位名称，最后写报告年月日。

三、述职报告的写作要求

（1）实事求是。述职报告属事务性公文的范畴，是对干部、职工工作完成情况的检验，也是考查干部、职工能否很好地履行职责以及是否称职的一种手段。述职者要对自己在前一段时间或整个任职期内完成的工作，作一个综合的、自我评述性的汇报，实事求是地表现履行职责的德、能、勤、绩。

（2）要有鲜明的主题。述职报告如同带有艺术性的论说文，一定要树立一个鲜明的主题，即一个判断句，还要在报告中反复突出。

（3）述职报告的目的是为了以后更好地工作，扬长避短，因此经验与教训是一篇述职报告的关键。在写作成绩经验、问题教训时有三个要求：① 要以事实和材料为依据；② 要点面结合，重点突出；③ 要分析事实与材料，找出规律。

（4）通俗性和艺术性，变书面文字为有声语言。写述职报告一定要随时考虑到讲话时的情况。要注意文字变成有声语言的特点，多用短句，少用单音词，顿号改为"和"，破折号改为"是"，引号表示否定时加"所谓"，括号补充另用文字说明，尽量使语言生活化、口语化、大众化。

案例：

述　职　报　告

各位领导、同志们：

2001 年 2 月，××分局聘任我为输变电工区主任，时光荏苒，距今已有 3 年零 4 个月。作为一名从基层提拔起来的年轻干部，我所取得的每一点成绩，都离不开分局领导的亲切关怀、各部室的支持帮助以及工区班委会一班人的团结拼搏和全体职工的共同努力。在这里将我三年多的工作情况向各位领导、同志们作个简要汇报，请各位领导和同志们给予评议。

一、安全生产，常抓不懈

安全是效益的前提和基础。工区负责维护管理××辖区×个变电站和×条线路的安全稳定运行，安全工作更是重中之重。为了进一步强化安全生产责任制，努力营造人人讲安全、重安全的氛围，夯实安全基础，以达到安全生产的目的，我主要做了如下工作：

（1）坚持"安全第一，预防为主，综合治理"的方针，落实各级人员安全生产责任制……（略）

（2）在完善各项管理制度的基础上，结合工区状况和贯标要求做好制度补充修订工作，使之更加符合实际，便于操作……（略）

（3）做好每年的季节性安全大检查工作，并对上级检查出的问题和隐患及时整改，使安全性大检查真正成为夯实安全基础的有力手段。

（4）坚持"预防为主"的方针，在抓好安全生产责任制及各项规章制度的落实工作，大力提高员工自觉遵守规章制度、履行职责意识的同时，还积极做好提高员工安全素质的工作，强调实事求是，科学管理……（略）

（5）认真组织每周一次的安全活动，及时传达公司有关安全工作的要求、精神，学习各类事故通报、简报、快报，吸取教训，总结经验；并积极参加上级组织的各类安全学习和安规考试。

（6）对每一个施工项目，施工前都要求做到提前制订三措、制订施工方案、进行危险点分析控制并填写危险点分析控制卡，对承包方及时签订安全合同，施工时办好"两票"并填写施工作业票。

这几年，在上级组织的关怀下，在同志们的大力支持下，工区圆满完成了上级下达的安全目标责任，未发生任何安全责任事故，较好地保证了主网线路和设备的安全运行，工区 2002 年度荣获"安全生产先进集体"称号，我个人也被评为"优秀安全责任人"。

二、投身网改，发展多经

我上任后的第一件大事，就是带领广大职工积极投身到如火如荼的网改工程中去。城乡电网改造工程是国家、供电企业和人民群众三方受益的德政工程、效益工程、民心工程，作为主要施工单位，如何能在有限的时间内，保质保量安全地完成网改任务？只有从我做起，从一点一滴做起，一步一个脚印地尽心谋事，倾力干事，力求在任期内多干一点实事，留下一点印象……（略）工程质量全部顺利通过上级有关部门的验收，为××城乡电网改造工程顺利通过××省政府组织的整体验收奠定了坚实的基础，我本人也因工作出色被市公司评为 2003 年度"双文明建设积极分子"。

面对多经产业日趋显露出来的困境，我们没有等和靠，而是主动出击，外出联系业务，靠优质和优良的服务赢得了一批相对稳定的客户，几年来，相继完成了……（略）等 20 余个大小工程。

三、加强学习，争创一流

作为一名从事安全生产的技术人员和管理人员，我始终认为只有坚持科学的方法、科学的态度和科学的作风才能搞好安全生产工作，所以我不断坚持业务学习，不断熟悉和掌握新设备、新技术的应用，积极开展 QC 小组活动……（略）为使工区人员整体素质和业务技能得到提高，我们采取了"三管齐下"的方法抓人才培养，在人员的素质和数量上做文章：一是派出学习……（略）二是岗位练兵……（略）三是引进人才……（略）

在科技创新日新月异发展的今天，我明白必须采用科技手段才能更快更多地获取信息，加快知识的更新。有人讲："劳动工具使人手延伸，汽车轮子使人腿延伸，电脑使人脑延伸"。利用电脑是成功获取知识的捷径……（略）

在创一流的软件设施上，我们根据创一流标准和贯标要求，不断建立、规范、完善各种基础台账和专业资料……（略）我从自己开始转变观念，对创一流工作及时宣传、发动和部署，成立创一流小组，组织大家学习文件精神和创一流手册，让大家多了解创一流工作，努力营造"人人关心、人人参与"的创一流氛围。

为了让工区创一流工作上一个新台阶，我根据《创一流标准和考核细则》将资料和台账层层细化分解，落实到人，并建立奖惩机制，采取谁出错谁负责的责任追究制，对工区各项工作做到规范管理……（略）2003 年配合××公司顺利通过创省公司一流县供电企业预验收。

四、严以律己，率先垂范

在平时的工作中，我能够加强职业道德建设，带头执行工区的有关规章制度，不断规范自己的言行举止，充分发挥领导和共产党员的模范带头作用……（略）

在思想和生活上，我十分注重个人的修养和锻炼，始终要求自己先做人，再做事，从来不敢有一丝一毫的懈怠……（略）

在党性修养上，我坚持政治学习，注重自我改造，自觉做到政治上不说糊涂话、不做出格的事，与××公司党委保持高度一致……（略）

在面对各种诱惑时，我能够在廉洁廉政上做好表率……（略）

五、联系群众，宽以待人

目前我虽身处领导岗位，但我始终不忘紧密联系群众，我把职工当自己的手足、家人一样对待，用多一些的爱心、热心和耐心去理解他们，爱护他们，设身处地帮助解决实际困难，尽心尽力地为大家办一些有益的事情……（略）

几年来，我始终把为工区、为职工谋利益作为自己不懈的人生追求……（略）

回顾三年来的履职经历，我感到既充实，又欣慰。我和同志们一起并肩战斗，不仅增进了了解，沟通了感情，建立了友谊，也获得了许多有益的启示，工作能力也得到了一定的提高。概括起来，有以下三点启示：

一是靠信念成就事业。……（略）

二是靠工作统一思想。……（略）

三是靠个性谋求共识。……（略）

总结几年来的工作，我觉得有所得也有所失，不足之处主要表现在四个方面，这也是本人今后进一步努力的方向。一是要提高认识水平……（略）二是要防止急于求成……（略）三是要避免苛求于人……（略）四是要加强学习，特别是法律和财务上的学习，提高自身整体素质，以更高更严的标准立足岗位，服务于民。

各位领导和同志们，今年是全面实施"三强一大"和"三优一流"战略的开局之年，操巡队并入我工区之后，我感觉身上的担子更重了，责任更大了，目前工区退休人员已达到了全体职工的 1/3，经济负担也更重了。但我相信，在××公司党委的正确领导下，在全体职工的努力下，我工区各项安全、生产指标一定能如期完成，工区三产业一定能及早、合理地改制，职工福利一定能逐年提高，职工住房问题一定能及早解决，工区的经济效益也一定能蒸蒸日上！

以上报告，请领导和同志们评议，欢迎对我的工作多提宝贵意见。借此机会，向一贯关心、支持和帮助我的各位领导、同志们表示诚挚的谢意。

×××

××××年×月×日

【思考与练习】

1. 述职报告与总结有什么区别？

2. 在报告成绩和问题时应注意哪些问题？

3. 结合工作实际写一篇述职报告。

模块 4　调查报告（TYBZ03804004）

【模块描述】本模块介绍调查报告的概念与作用、调查报告的写作步骤、调查报告的基本结构、调查报告的写作要求。通过调查报告写作方法的讲解和体例介绍，掌握调查报告的写作。

【正文】

一、调查报告的概念、作用

调查报告是社会组织对某一新近发生的、重要或者典型的社会问题或客观事物进行深入全面的调查研究之后写成的书面报告。

常见调查报告类型如下：

总结经验的调查报告。这类调查报告是对新近发生的先进而又富于典型意义的事件做详细的调查后再写成报告，其目的是通过对先进事迹的介绍、分析，提炼出成功的经验和有效的方法，给更大范围的工作以启发和思考。

揭露问题的调查报告。这类调查报告是将社会组织内外引起很大反响与争议的事件或者有碍社会发展的弊病，通过认真调查分析后写成报告，其目的是揭露事情真相，澄清事件过程，指出其严重的危害性，同时提出解决问题的办法。这类调查报告往往产生较大反响甚至震撼性的社会效应，能引起广泛关注。

反映情况的调查报告。这类调查报告通常是就社会组织某一方面的有关情况做比较全面的调查研究，为领导机关了解情况、研究问题、制订计划提供依据。这类调查报告一般要写清时间、地点、范围、对象，有条理地摆出情况，并对情况产生的原因进行分析与概括。

二、调查报告的写作步骤

（1）确定选题与主题。

（2）对掌握的资料进行筛选、取舍。

（3）拟定提纲。

（4）撰写报告。

（5）修改报告。

三、调查报告的基本结构

包括标题、正文、落款三个部分。

（一）标题

标题常见写法有三种：第一种最简单，只要写明调查的主题或中心就可以了，如《电磁"污染"真相》；第二种是"调查内容+文种"，如《关于我市水电开发情况的调查报告》；第三种采用正副标题的形式，正标题写明调查的主题或中心，副标题揭示调查的范围、对象及文种，如《行动源于责任——河南省农业排灌用电调查》和《服务文化魅力探源——山东日照供电公司服务文化建设调查》。

（二）正文

正文包括前言、主体、结尾三个部分。

1. 前言

前言有两种方式：一是简要介绍这次调查的目的、时间、地点、对象、范围、方式方法等，使读者对整个调查有一个大致的了解；二是把这次调查的基本情况或者主要内容作一简要的介绍，其作用类似新闻的导语，使读者对整个调查有一个总印象并把握全文主要内容。前言部分不能太长，语言应简明扼要。

2. 主体

主体要详细介绍调查的内容及从中得出的结论。按照调查内容性质的不同，主体一般采用如下两种写法：

（1）横式结构。一般适用于内容宽泛、时间跨度长、头绪多的复杂调查。要把调查来的材料按不同的角度、不同的侧面进行归类阐述。采用这种阐述方法便于更全面、更透彻地表述比较复杂宽泛的问题。特点是层次清楚，条理性强，观点明确，重点突出。

（2）纵式结构。一般适用于线索简单、内容集中的调查，往往围绕某一线索在时间上的展开而叙述，亦即按照调查的时间先后顺序或者事件本身发生的先后经过来写。这种写法有助于读者对事物发展的来龙去脉有一个深入全面的了解。纵式结构虽然线索清晰，便于掌握，但是只适用于内容比较单一，线索不多的调查，其特点是结构明晰，眉目清楚，内容连贯。

3. 结尾

调查报告的结尾并不是必不可少的，有很多调查报告没有结尾部分，主体写完，全篇就完了。结尾写法有很多种，可以总结全篇的主要观点或者主要内容，以加深读者印象；可以展望美好前景；可以指出存在和需要改进的问题，提出希望。结尾一般比较简短，不能重复啰唆。

（三）落款

落款写明调查报告的时间即可，有的还要写明调查的单位或者个人的名称。

四、调查报告的写作要求

认真调查研究，仔细收集材料；综合分析材料，材料和观点统一。

案例：

关于我区电力紧缺情况的调查报告

为全面了解我区目前电力紧缺情况及对我区社会、经济发展的影响，找出缺电原因及解决办法，我局于4月下旬组织开展了电力紧缺情况专题调研。调研中，我们走访了经贸局、物价局、统计局、××供电分公司及××集团、××电厂、××电厂、××电厂、××电厂等部门、企业，还组织××陶瓷（集团）有限公司、××空调股份有限公司、××玻璃有限公司等9家不同行业的用电大户进行了访谈。现将此次调研有关情况报告如下：

一、我区电力供应的现状及预测

今年一季度，我区电力供应继续保持快速增长的势头。1～3月份，全区总供电量19.85亿kW·h，比去年同期增长16.4%……（略）因此今年全区电力负荷缺口将在30万～60万kW，供电形势异常严峻。

同时，据供电部门预测，我区2005年最高负荷为210万kW，2006年为239

万 kW,而我区新上马的 1×15 万 kW××水煤浆热电联产项目最快要到 2005 年底才能投产,发电一厂的 2×30 万 kW 燃煤发电项目即便现在能立项,最快也要到 2007 年才能投入使用。另外,据国家电网公司预计,2004—2006 年三年内国内用电需求的增长速度高于新装机容量的增长速度,我国电力供需要到 2006 年才能总体上达到平衡。因此,我区电力紧缺的局面可能会持续到 2006 年年底。

二、电力紧缺对我区经济的影响

电力的短缺已经严重影响了我区的经济发展。从今年 2 月初开始,为缓解电力紧张局面,我区开始实行错峰用电措施。在措施实施初期,由于宣传力度不够及一些企业不够自觉等问题,导致拉闸限电的现象频繁。在 2 月 2 日到 2 月 9 日短短的 8 天内,我区共拉闸 745 条次,日均拉闸 93 条次。拉闸限电对企业的打击是不言而喻的。尽管 2 月 9 日后,由于措施得当,企业自觉错峰,不再出现拉闸限电现象,但错峰用电对企业的影响依然重大,不少企业认为目前缺电的影响比去年"非典"的影响还要严重。

……(略)

三、造成我区电力紧缺的原因

我区电力紧缺的外部因素是当前整个国家电力供需关系紧张。据国家电网公司最新统计数据显示,一季度除东北三省、新疆、海南外,其他省级电网一律拉闸限电。广东"西电东送"的源头地云南、广西也严重缺电,"西电东送"今年一度变成"东电西送"。专家预测,全国性的缺电局面将会在未来一段时期内延续。

而对于我区来说,我区自身存在的某些问题是导致我区电力紧缺的重要原因。

(一)电源建设停滞不前,未能跟上经济发展的步伐

近年来,我区经济高速发展,每年的 GDP 增长率均在 11%以上,今年一季度更高达 17.1%。随着经济的高速增长,我区的用电量也急剧攀升……(略)无法很好地缓解我区的用电紧张局面。

(二)电网建设相对滞后,布局不够协调

目前,我区境内仅有 7 座 220kV 变电站。由于布点不足、可供容量和线路走廊限制等原因,制约了 110kV 网络结线的合理性,存在单回 110kV 线路串供多个 110kV 变电站的情况,加上部分 110kV 变电站的供电能力受到主变压器容量的限制,形成供电"瓶颈"。

此外,……(略)发展大受掣肘。

(三)产业结构不合理,高耗能企业过于集中

2003 年,我区三大耗电行业非金属矿物制品业、有色金属冶炼及延压加工业和金属制品业,其规模企业耗电量分别为 9.94、2.95 和 2.95 亿 kW·h,分别占规模以上企业用电总量的 27.86%、8.27%和 8.26%,三大行业规模企业占规模以上企业

用电总量的 44.39%……（略）

（四）发电成本高企，电价不合理，地方电厂举步维艰

总的来看，我区电厂生存环境恶劣。近年来，由于受多种因素影响，燃料价格一路攀升……（略）而省政府在 2002 年还政策性地降低了销售电价，使地方发电企业雪上加霜。

……（略）

四、对解决我区电力紧缺状况的意见及建议

造成我区电力紧缺的原因是多方面的，解决这一问题也应从发电、输电、用电等多方面综合考虑，从短期和长期的角度，及早规划，迅速采取不同的措施，这样才能有效缓解我区电力严重短缺的状况，为我区经济的快速发展提供有力的保障。

（一）从短期看

1. 采取有效措施，确保错峰用电措施的落实

错峰用电对每家企业来说，都是不愉快的事情，但对我区总体来说，却很重要。当前我区用电的形势是缺电不缺量，即峰期电力负荷不足，谷期负荷有余，整体来说，我区能提供的电量大于需求电量。因此，如果能引导企业实施错峰用电，避峰就谷，就可能会使所有企业都有足够的电用，进而减少因电力紧缺对我区经济造成的损失。

一是要认真做好宣传发动工作。……（略）

二是电力供应应有所侧重。……（略）

三是加强错峰用电的监管力度。……（略）

四是利用价格杠杆调节电力高峰负荷。……（略）

五是完善错峰用电预警机制。……（略）

2. 挖掘地方电厂潜力，鼓励电厂多发电

今年一季度，按省统调电厂机组正常期（10 年）平均每年 5700h 的运行时数计算，我区八大电厂的有效机组的出力指数除××电厂高于 1 外，其他七大电厂均低于 1；如按 3 年期平均每年 6000h 的运行时数计算，八大电厂的出力指数均低于 1。由此可见，我区的地方电厂尤其是水电厂出力指数严重偏低，还有潜力可挖。关键在于如何去挖，如何调动电厂多发电的积极性。

一是营造地方电厂健康的生存环境。……（略）

二是加快发电机组的修复及技术改造步伐。……（略）。

三是积极向上级有关部门争取，缩短燃油补贴的发放时间和电费的结算期限，保证电厂资金周转正常。

3. 尽快解决当前电网的"卡脖子"问题

解决我区当前电网的"卡脖子"问题，最根本的办法是增加 220kV 电源布点，

合理调整部分区域 110kV 输电网络结构。而该办法的症结在于线路走廊征地难，电网建设资金短缺。所以，政府必须在理顺征地问题上多做功夫的同时，主动出面协助××供电分公司，积极向省广电集团公司申请项目建设资金。当前必须尽快完成××长虹岭工业园及××科技工业园的主网及配网建设，以确保电力供应与园区发展相协调。

4. 做好节约用电工作

在当今电力紧缺的情况下，节约用电，减少能源损耗，将××打造为"节能城市"，既重要又实际，值得我们去倡导，去努力。

（1）从政府做起，行政事业单位带头节能……（略）大力宣传节约用电知识，提高大家的节电意识。

（2）对大型商场，商务楼和宾馆酒楼等场所使用的中央空调进行限制……（略）在全区范围内推行国家家用空调的节能标准，对居民合理使用空调进行引导。

（3）推行节能灯计划……（略）

5. 积极争取用电指标

在地方电厂潜力有限的情况下，省网供电的指标对缓解我区电力紧缺状况就显得尤为重要……（略）建议政府及有关部门会同××供电分公司，加强与省有关部门及省广电集团公司的沟通，加大公关力度，尽量争取到更多的用电指标。

6. 对企业自发电应有明确态度

目前情况下，企业自发电明显有助于缓解我区峰期电力紧缺的矛盾，但企业是否实行很大程度上取决于政府对自发电的态度。尽管前段时间区政府以文件的形式取消了禁止企业自发电的规定，但企业对政府是否恢复该规定心存疑虑，因而大多在观望，希望政府有一个明确的态度。我们认为，自发电毕竟存在着能耗高、管理不规范、环保不合要求、机组运行不稳定、易损害电网安全等问题，长期来看不宜提倡。但在短期内，政府可以明确部分企业在某一时期某一时间段可以自发电，让企业做到心中有底，自主决策；对高耗能的用电大户，鼓励其自备发电机，对其在峰期通过自发电主动避峰、错峰提供一定的补偿，以减少峰期负荷压力。

（二）从长期看

1. 必须做好××长期的电力建设规划

按照电力增长速度应超前经济发展对电力需求增速 20% 的要求，因应××的经济发展趋势，结合省、国家的电力建设计划，认真做好我区的电力建设规划，不要让今天因缺电而带来的切肤之痛在未来继续……（略）

2. 将××的能源安全问题提上议事日程

我们认为，××这样一个经济发达地区，要保障国民经济稳定快速发展，能源安全问题必须提上议事日程，必须将能源储备的重要性等同于粮食的储备……（略）

为我区的经济发展未雨绸缪。

3. 尝试建立政府电力储备基金制度

对于××来说，电力供应会随国家、省的用电供需情况不断波动，在电力紧缺时，地方电厂日夜发电可能收益甚微甚至亏损；在电力充裕时，地方电厂也可能因上网电量指标不足而导致亏损。但由于地方电厂在保障我区用电安全方面具有不可替代的作用，即使从长远的角度来看，地方电厂的存在也是必要的，保障地方电厂的生存环境也是必要的，因此，建立电力储备金具有积极的意义……（略）

4. 调整产业结构，改变耗能模式

××电力紧缺是经济发展使然，但产业结构不合理、高耗能企业过于集中却是主要原因之一。因此，一是必须强力推进高耗能企业设备改造升级的步伐，使企业设备朝低能耗、低污染方向发展，逐步转变能耗方式；二是配合"两大板块"发展战略的实施，用限电等措施坚决淘汰高能耗、高污染、低附加值的劣势产业；三是在招商引资时，对高能耗行业设置一定的门槛，减少高能耗企业进入××的机会。

××区发展计划局

二○○四年五月十八日

【思考与练习】

1. 调查报告有什么特点？

2. 调查报告和总结有什么区别？

3. 联系本单位工作实际写一篇调查报告。在写作之前，要先认真地调查研究，做好收集材料的工作。

模块 5　会议记录（TYBZ03804005）

【模块描述】 本模块介绍会议记录的概念、作用，会议记录的基本格式和写作要求。通过会议记录写作方法的讲解和体例介绍，熟练掌握会议记录的写作。

【正文】

一、会议记录的概念与作用

会议记录是记录人员把会议的基本情况、讨论问题、发言内容、形成决议等如实记录下来形成的书面材料。

会议记录有依据作用、材料作用和备查作用。

二、会议记录的基本格式

一般会议记录的格式包括两部分：一部分是会议的组织情况，要求写明会议名称、时间、地点、出席人数、缺席人数、列席人数、主持人、记录人等；另一部分是会议的内容，要求写明发言的内容、形成的决议等，这是会议记录的核心部分。

会议结束，记录完毕，要另起一行写"散会"二字，如中途休会，要写明"休会"字样。

三、会议记录的写作要求

（1）准确写明会议名称（要写全称），开会时间、地点，会议性质。

（2）详细记下会议主持人，出席会议应到和实到人数，缺席、迟到或早退人数及其姓名、职务，记录者姓名。如果是群众性大会，只要记参加的对象和总人数，以及出席会议的较重要的领导成员即可。某些重要的会议，出席对象来自不同单位，应设置签名簿，请出席者签署姓名、单位、职务等。

（3）忠实记录会议上的发言和有关动态。会议发言的内容是记录的重点。其他会议动态，如发言中插话、笑声、掌声，临时中断以及别的重要的会场情况等，也应予以记录。

记录发言可分摘要与全文两种。多数会议只要记录发言要点，即把发言者讲了哪几个问题，每一个问题的基本观点与主要事实、结论，对别人发言的态度等，做摘要式的记录，不必"有闻必录"。某些特别重要的会议或特别重要人物的发言，需要记下全部内容。有录音机的，可先录音，会后再整理出全文；没有录音条件，应由速记人员担任记录；没有速记人员，可以多配几个记得快的人担任记录，以便会后互相校对补充。在快速记录中，常用速记符号或者缩略语，会后翻译整理。

（4）如实记录会议的结果，如会议的决定、决议或表决等情况。

会议记录要求忠于事实，不能夹杂记录者的任何个人情感，更不允许有意增删发言内容。会议记录一般不宜公开发表，如需发表，应征得发言者的审阅同意。

案例：

××市城南开发区管委会办公会议记录

要　　领	范　　　　文
标题："单位+会议+文种" 会议组织情况： 1. 时间 2. 地点 3. 主持人	**××市城南开发区管委会办公会议记录** 时间：200×年×月×日 地点：管委会会议室 主持人：李××（管委会主任）

续表

要　　领	范　　　　文
4. 出席者（重要的要详细）	出席者：杨××（管委会副主任）周××（管委会副主任管城建）李××（市建委副主任）肖××（市工商局副局长）陈××（市建委城建科科长）及建委、工商局有关科室人员。街道居委负责人。
5. 列席 6. 缺席人 7. 记录者 会议内容： 1. 会议议题	列席者：管委会全体干部 记录：邹××（管委会办公室秘书） 讨论议题： 1. 如何整顿城市市场秩序。 2. 如何制止违章建筑、维护市容市貌。
2. 主体报告	杨主任报告城市现状（略）
3. 发言讨论	讨论发言（按发言顺序记录） 肖××（工商局副局长）：（略） 罗××（工商局市管科长）：（略） 秦××（居委会主任）：（略） 李××（建委副主任）：（略） ……
4. 决议事项 会议结尾： 签名盖章 签名时间	与会人员经过充分讨论、协商，一致决定： 1. 由工商局牵头，街道办和居委会及其他部门配合，第一周宣传，第二周行动，监督实施，做到座商归店、摊贩归点，彻底改变市场紊乱状况。 2. 由管委会牵头，城建委等单位配合，对全区建筑工地进行一次检查。然后召开一次施工单位会议，对违章建筑、违章工场限期改正。一个月内改变面貌。过时不改者，坚决照章处理。 散会 主持人（签名盖章） 记录（签名盖章） 200×年×月×日

【思考与练习】

1. 会议记录和会议纪要有什么区别？
2. 组织一次会议并做好会议记录。

第五章　电力生产管理应用文

模块 1　运行管理应用文（TYBZ03805001）

【**模块描述**】本模块包含电网运行管理工作涉及的文书，通过运行管理应用文写作方法的讲解和体例介绍，熟悉各种运行管理文书的写作。

【**正文**】

一、电网运行管理应用文种类

电网运行管理包括调度管理、输电管理、变电管理、修试管理等工作。电网调度是电力安全生产管理的核心。按照原电力部规定，目前电网（厂）运行管理方面的应用文主要有以下两类。

1. 运行分析报告

电网运行分析报告主要通过实时数据准确、全面地分析电网运行的信息与特点。

分析报告要写明电网运行的基本情况和基本方式。电量、负荷、电压、频率用具体数字作说明，并可以与以往的情况作比较。运行报告要分析：电网的运行是否安全、稳定、经济；运行方式的安排是否合理；继电保护及自动装置运作是否正常；电网供电质量是否得到有效改善；电网运行是否存在问题，若有问题，报告中要提出建议和整改措施，以确保电网安全可靠供电，取得良好的社会效益和经济效益。

运行分析，每月或每个季度一次，也可以年计，全面反映变电站及高压设备等的运行参数和各项指标，以及电网安全性和经济性等情况。现在大部分电网已实现远程监控和计算机管理，此类文书可由微机自动生成。

2. 节能总结

电网的"节能"主要指设备、自动装置的保护和降低线损，电网的线损包括技术线损和管理线损。电厂的节能主要指降低能耗。节能总结的内容包括节能目标的制订、安排和落实，线损与能耗的情况及其升降原因，节能措施执行情况及效果，计划外节能措施的实施情况及效果等。

二、写作要求

电网运行管理文书是靠统计数字和文字分析组成的。各种运行分析、报表的主要内容是统计数字，这些数字一定要精确，要注意有效位数的选取；文字分析则言简意赅，起画龙点睛的作用。

节能总结主要用说明的表达方式，文字分析量比较大，可以采用两种方法：一是对比，对各项指标的历史与现状、检修前后、主客观因素作纵向和横向比较；二是算细账，深入解剖各种因素对指标造成的具体影响。

案例：

××××年度××供电网运行分析报告

2008 年，××供电网基本实现安全、稳定、经济运行，做到了运行方式安排合理、继电保护及自动装置正常动作。由于充分发挥了 110kV 变电站 1 号主变压器有载调压及无功集中补偿电容器组的作用，电网供电质量得到有效改善，取得了良好的社会效益和经济效益。

一、运行基本情况

××电力系统现有 110kV 变电站 1 座，35kV 变电站 4 座，主变压器 9 台，总容量为 46 550kVA（其中 110kV 变电站 30 000kVA，35kV 变电站 16 550kVA）。110kV 输电线路 2 条，35kV 输电线路 4 条，10kV 配电线路 26 条。全年电网运行稳定，未发生电网瓦解、误调度、误操作等事故。未发生设备损坏及人身伤亡事故。

二、运行方式情况

（一）110kV 变电站

（1）根据电网运行及实际负荷情况，按照年度电网运行方式安排表执行。

（2）1、2 号电容器组投入运行。

（二）各 35kV 变电站

（1）根据电网实际运行及负荷情况，按照年度电网运行方式安排表执行。

（2）集中补偿电容器组投入运行。（其中 35kV××变电站未安装，35kV××变电站电容器组内电抗器烧坏未更换退出运行）

三、电量、负荷、电压、频率

全年总供电量 9868.32 万 kW·h，比较上年（8756.24 万 kW·h）增加 1112.08 万 kW·h，增长率 12.7%。全年最大负荷 28 169kW，最小负荷 2323kW，平均负荷 11 373kW，负荷率 61.2%，频率合格率 100%，综合电压合格率 99.5%。

四、主设备及线路运行异常、故障、检修情况

1. 各站主设备及线路故障情况

35kV××变电站在 6 月份气象灾害时造成主变压器内部故障，经大修后恢复正常运行；其他各变电站主设备均安全稳定运行。110kV××线故障跳闸 3 次，其中 1 次重合不成功；35kV 变电站主变压器跳闸 2 次，35kV 线路开关跳闸 12 次，比上年（22 次）减少 10 次，其中重合不成功 3 次；10kV 开关跳闸 187 次，比上年（120 次）增加 67 次，重合闸不成功 92 次；统计表另附。

2. 故障原因分析

线路故障原因：除自然灾害外，由于配电线路长，多在山区，雷雨天气较长，易于发生线路落雷，击穿绝缘子或配电变压器避雷器等事故；还有配电变压器、拉线、绑线故障，以及外力因素导致倒杆、断线（特别是无钢芯铝绞线）、地埋电缆被挖断等。高压设备如跌落开关等质量原因容易烧坏造成开关跳闸，影响电网安全运行及供电可靠性。

具体情况如下：倒杆故障 15 次（包括气象灾害导致的大面积倒杆），高压立式绝缘子击穿、破损导致故障 12 次，线路断线（包括分支线路）11 次，避雷器击穿故障 5 次，树障 4 次，外力破坏（工地施工、采石厂放炮、塔吊搭挂线路）故障 3 次，高压电缆故障 2 次，覆冰故障、绑线故障、跌落开关故障、拉线故障、变压器击穿故障各 1 次。

变电设备故障原因：由于综合自动化二次设备与原来运行的一次设备的配合问题，跳、合闸线圈及接触器等烧毁现象较多。由于使用新式的测温设备，使变电站更加便于监视设备连接处过热现象，并都能得到处理或更换有关设备，及时消除事故隐患，防患于未然。

3. 检修情况

全年共计执行变电第一种工作票 29 份，线路第一种工作票 28 份，停线路柱上开关或隔离开关检修的工作 15 次。

五、继电保护有关情况

10kV 油脂 215 线修改定值（生产期间更换 TA）

六、几点建议

（1）做好各种应急（抢修）预案，从容应对突发故障。

（2）备足、备齐供电设备（包括线路和变电站）备件，出现故障及时更换。

（3）更换配电线路无钢芯导线，提高电网运行的可靠性，排除不安全隐患。

（4）加强线路的巡视和维护，特别是特殊地段和大档距线路的巡视，减少线路故障。

（5）按维护周期对开关等输变电设备进行检修。

（6）加强设备停电检修计划性，做到统筹安排，减少停电时间，缩小停电面积。

（7）当线路发生接地或永久性故障后，所辖线路的单位应行动迅速，尽快消除。

（8）针对综合自动化设备与一次设备的配合问题，建议更新改造一次设备或者有关部门组织力量进行改进和技术革新。

（9）针对今年外力破坏导致电力设施故障较多这一情况，建议有关部门加强保护电力设施的宣传，加强对线路的巡视检查维护力度。

××供电公司

××××年×月×日

【思考与练习】

1. 运行管理文书有哪些种类？

2. 电网节能与电厂节能有什么不同？

3. 撰写运行分析和节能总结要注意哪些问题？

模块 2　检修管理应用文（TYBZ03805002）

【模块描述】本模块包含电网运行中设备管理、计划检修、故障分析等特定工作涉及的文书，通过检修管理应用文写作方法的讲解和体例介绍，熟悉各种检修管理文书的写作。

【正文】

一、电力检修管理应用文种类

电力检修管理应用文主要包括以下三类。

（一）年度检修计划

指各电网或电厂每年对设备大修、小修的一次性统一安排。计划中要列出项目、检修工期、工时、需要的主要器材及费用等。非标准项目还要写明列入原因及主要技术措施。

（二）大修开工报告

大修开工前应写出开工报告，经同意后再按大修计划与大修开工报告的安排进行。报告的内容应包括大修项目的核实情况、大修的重点与进度、费用计划安排等。大修开工报告更适宜在发电企业运用。

（三）检修总结

检修总结主要有两种：① 主要设备大修总结报告是大修竣工后对大修质量、进度、安全、节约、管理、修后设备等级升降、尚存问题及试运行情况等的总结；② 全网或全厂检修情况总结则每半年一次，内容主要包括检修计划完成情况与变更情况、检修质量和进度、检修的开竣工日期和机组停运情况、修后设备等级升降及检修管理经验等。

二、电力检修管理应用文撰写要求

检修管理文书应体现计划的可行性和总结的客观性，文字要简明准确，通俗流畅。检修计划要言之有据，并经过认真核对、平衡，以符合设备实际情况和现场检修处理的实际可能。检修总结要实事求是，用实实在在的统计数字和试验数据说话；要注意突出重点，总结出在完成计划的过程中产生的好经验和存在的问题。

【思考与练习】

1. 电力检修管理应用文与一般事务文书有什么不同？
2. 撰写电力检修管理应用文要注意哪些问题？

模块 3　工作票与操作票 （TYBZ03805003）

【模块描述】本模块包含电力生产中工作票和操作票两种文书，通过工作票和操作票写作方法的讲解和体例介绍，熟悉各类工作票和操作票的写作。

【正文】

一、工作票与操作票的概念

工作票是准许在电力生产现场工作的书面命令，也是明确安全职责，向工作人员进行安全交底，以及履行工作许可手续，工作间断、转移和终结手续，并实施保证安全技术措施等的书面依据。工作票主要分类有电气工作票、线路工作票、热力（水力）机械工作票，此外还有动火工作票。

操作票是在运行中的电力设备及其附属设备上进行各种具体操作的作业单，包括电气部分操作票（也称"倒闸操作票"）和非电气部分操作票。

对"两票"的具体内容、格式和填写要求等，《电业安全工作规程》、《电力设备典型消防规程》都作了详细的规定。各发电集团和省电力公司也相应制订（并多次修订）了执行"两票"的补充规定。所有这些规程、规定，每个电业员工都要认真学习，严格遵照执行。

二、工作票与操作票的作用

（一）电力工作票的作用

用它来执行和完成检修、测试或安装施工等工作任务；用它来正确执行和完成停送电和许可命令（包括停用、恢复重合闸）；用它检查和了解工作现场作业情况；发生事故后用它作为查清事故的依据。

（二）电力操作票的作用

是操作人员根据值班调度或值班负责人的操作命令完成指定操作任务的具体依据，也是防止操作失误的有效手段。

三、工作票、操作票的特点及填写要求

工作票、操作票的主要特点是程序性。电力生产工作不仅设备复杂、工序复杂，而且对各种具体操作都有严格的程序要求，先操作哪项后操作哪项，必须严格按顺序进行。否则，就会发生人身和设备事故。因此填写工作票、操作票要做到：

（1）要熟悉业务技术。要求填写工作票、操作票的都是业务技术性很强的工作，只有熟悉了业务技术，才能担当填写工作。

（2）内容必须明确、具体。要严格按规程、规定的填写要求，逐项逐条地把工作票、操作票填写清楚，不能丢项漏条。语言要准确、清楚，不能语意含糊。要用规定的术语，标点符号要准确。如断路器（开关）："合上"、"断开"。隔离开关（刀闸）（包括跌落式熔断器）："推上"、"拉开"。地线："挂上"、"拆除"。绝缘隔板："装上"、"拆除"。保护："加用"、"停用"（包括自动装置压板）。熔断器（保险）："装上"、"取下"等。

（3）不得任意涂改。填写要认真、规范、清楚，如果是在计算机上生成更不容许改动，所以填写或录入时不能有错别字和漏字。

（4）下列项目应填入操作票内：

1）应拉合的设备［断路器（开关）、隔离开关（刀闸）、接地开关等］，验电，装拆接地线，安装或拆除控制回路或电压互感器回路的熔断器，切换保护回路和自动化装置及检验是否确无电压等。

2）拉合设备［断路器（开关）、隔离开关（刀闸）、接地开关等］后检查设备的位置（对刀闸和分相操作的开关应检查三相）。

3）进行停、送电操作时，在拉、合隔离开关（刀闸），手车式开关拉出、推入前，检查断路器（开关）确在分闸位置。

4）在进行倒负荷或解、并列操作前后，检查相关电源运行及负荷分配情况。

5）设备检修后合闸送电前，检查送电范围内接地开关已拉开，接地线已拆除。

6）操作票应填写设备的双重名称。

案例：

变电站（发电厂）第二种工作票

单位 ××变电站　　编号 0908009

1. 工作负责人（监护人）王×× 　　　　　班组：××操巡队

2. 工作班人员（不包括工作负责人）
邹××

3. 电力电缆双重名称 <u>35kV××变××××</u>

4. 工作任务

工作地点或地段	工作内容
35kV××变电站一次带电设备	红外线测温

5. 计划工作时间

自 2009 年 08 月 21 日 14 时 00 分

至 2009 年 08 月 21 日 15 时 00 分

6. 工作条件（停电或不停电，或邻近及保留带电设备名称）

不停电

7. 注意事项（安全措施）

<u>① 工作中加强监护；② 不得擅自扩大工作范围，不得做与工作无关的事。</u>

工作票签发人签名 陈×× 签发日期 2009 年 08 月 20 日 08 时 00 分

8. 补充安全措施（工作许可人填写）

9. 确认本工作票 1～8 项

许可工作时间：2009 年 8 月 21 日 14 时 05 分

工作负责人签名：<u>王××</u>   工作许可人签名：<u>孟××</u>

10. 确认工作负责人布置的任务和本施工项目安全措施

工作班人员签名：

邹××

11. 工作票延期

有效期延长到_____年___月___日___时___分

工作负责人签名_____ ___年___月___日___时___分

工作许可人签名_____ ___年___月___日___时___分

12. 工作票终结

全部工作已结束，工作人员已全部撤离，材料工具已清理完毕。

工作负责人签名：<u>王××</u>   <u>2009</u>年<u>8</u>月<u>21</u>日<u>14</u>时<u>30</u>分

工作许可人签名：<u>孟××</u>_____ ___年___月___日___时___分

13. 备注

变电站（发电厂）倒闸操作票

单位 ××操巡队　　　编号 20090021

发令人	刘××	受令人	许××	发令时间	2009 年 9 月 5 日 8 时 30 分
操作开始时间： 2009 年 9 月 5 日 8 时 32 分			操作结束时间： 2009 年 9 月 5 日 8 时 48 分		
（　√　）监护下操作（　　　）单人操作（　　　）检修人员操作					
操作任务： ××站 10kV 米厂线港 15 开关由运行转检修。（70 号杆接跳线）					

顺序	操 作 项 目	√
1	停用港 15 开关自动重合闸连接片	√
2	断开港 15 开关	√
3	检查港 15 开关确已断开	√
4	取下港 15 开关合闸保险	√
5	拉开港 156 刀闸	√
6	检查港 156 刀闸确已拉开	√
7	拉开港 151 刀闸	√
8	检查港 151 刀闸确已拉开	√
9	取下港 15 开关控制回路保险	√
10	检查港 15 开关控制电源开关确已取下	√
11	在港 156 刀闸靠线路侧三相分别验电，确无电压，在港 156 刀闸靠线路侧挂上 10 号接地线一组	√
12	以下空白	

备注：

操作人：张××　　　　　监护人：许××　　　　　值班负责人（值长）：王××

【思考与练习】

1. 工作票与操作票有什么作用？

2. 填写工作票与操作票要注意哪些问题？

第六章　电力专业技术与科技论文

模块 1　电力专业技术论文（TYBZ03806001）

【**模块描述**】本模块包含电力专业技术论文的含义、基本特征和结构，课题的类型与选题的原则，选取写作材料的原则、标准和获取途径，写作提纲、构段的要求和方法等内容。通过电力专业技术论文写作的讲解，熟悉论文写作规范，掌握论文的写作方法。

【**正文**】

一、电力专业技术论文的含义及其特点

电力专业技术论文是专门对电力生产建设、技术革新、技术改造领域内的某些现象或问题进行研究、探讨的科技论文。

电力专业技术论文具有以下特点：

内容的科学性。揭示电力科学中某些现象或问题的本质规律。

理论的逻辑性。运用电力科学的概念、判断、推理、证明或反驳等逻辑手段，用经过实践检验的公理、定义，对电力生产建设和技术改造的实践中或理论上提出的观点和见解进行论证，揭示其本质和发展变化的规律；或者分析、表述在电力科学实验性、理论性、观测性上新的研究成果与见解，使之上升为新的理论。

观点的独创性。要创造或阐发前人或别人没有过的新理论、新知识、新见解、新发明、新成果，向读者提供新的科技信息。独创性是衡量论文价值的根本标准。

很强的专业性。电力专业技术论文是供给具有这方面知识的内行人看的，因此其运用的材料、语言均具有电力专业技术的特点。

二、课题的类型

课题从不同角度可以划分为多种类型。按研究功能划分，可以分为理论性研究课题、应用性研究课题和开发性研究课题；按研究的深度不同，分为描述性课题、因果性课题、预测性课题；按课题的来源，分为招标课题、自拟课题；按研究对象不同，分为经济课题、管理课题、教育课题、专业技术课题等。

三、电力专业技术论文的结构

电力专业技术论文的结构一般分为两大部分：前置部分和主体部分。前置部分包括题名、作者姓名和单位、摘要、关键词；主体部分包括引言、正文、结论、致谢、参考文献等。各部分的具体写法如下：

1. 题目（题名、文题）

题目是读者了解论文内容的窗口和检索资料的向导。要用最简明、确切的词语反映文章的特定内容，一般不要超过 20 字。如题目语意未尽，可设副题目补充说明。用作国际交流的论文，应用外文（多为英语）题名。

2. 作者署名

署名要署真实姓名。文章署名是作者文责自负和拥有版权的标志。多作者论义的署名，一般按贡献大小顺序排列（执笔者应该是第一作者）。

3. 摘要

摘要是对文稿内容的准确、扼要且不加注释或评论的简略表述，含有的主要情报信息量等同于原论文。摘要中有数据、有结论，是一篇完整的短文，内容通常包括论文的写作目的和研究对象、研究方法、研究结果及结论等几个要素，重点是结果和结论。中文摘要一般不超过 300 字，外文摘要（用作国际交流时）不宜超过 250 个实词。

4. 关键词

关键词是为了计算机自动检索的需要而从论文中选取出来用以表达全文主题内容的词或短语。每篇论文要选取 3～8 个关键词，以显著的字体另起一行，排在摘要的下方。两个关键词之间用分号隔开，或者空一个字距，不用标点符号。

5. 引言（前言、绪论、序言、序）

主要回答"为什么研究"这个问题。要简明介绍论文背景和选题原因，相关领域前人研究的历史与现状，作者的意图和依据（包括追求目标、研究范围、理论基础、研究设想、方案选取），以及预期结果和意义等。

6. 正文

这是电力专业技术论文的核心部分，主要回答"怎么研究"这个问题。正文部分要充分阐述其观点、原理、方法及达到预期目的的整个过程，并突出一个"新"字，以反映文稿的独创性。根据需要，正文部分可以分层论述，按层设小标题。

正文部分的注释（以及引言部分、结论部分的注释）采用呼应形式，注码用圈码写在加注处的右上角（标点符号之内）。同一页有几处加注时，以出现先后为序。

7. 结论

结论应当体现作者更深层的认识，应当是正文中理论分析和实验结果的合乎逻辑的发展，是经过分析、判断、推理、归纳等逻辑分析过程而得到的新的学术见解。一般包括"本研究结果说明了什么规律，解决了什么问题"，"对前人工作做了哪些检验、发展、证实或证伪"，"本文的不足之处及尚未解决的问题"等内容。

8. 致谢

GB/T 7713—1987 规定的致谢方面有：国家科学基金；资助研究工作的奖学基金；合同单位，资助或支持的企业、组织或个人；协助完成研究工作和提供便利的组织或个人；在研究工作中提出建议和提供帮助的人；给予转载和引用权的资料、图片、文献、研究思想和设想的所有者；其他应感谢的组织和个人。

论文作者可根据实际情况，对上述方面中的有关组织或个人表示感谢。谢辞要写得真挚恳切而又有分寸。

9. 参考文献

参考文献指论文作者亲自阅读过的、与正文直接有关的（包括直接引用与间接引用）、发表在正式出版刊物上的文献。是专著，要写明著者、书名、版本、出版地、出版者、出版年、起止页码；是期刊，要写明作者、题名、期刊名称（外文期刊名可缩写并省略缩写点）、出版年、卷号（期号）、起止页码。内部讲义及未发表的著作，一般不宜作为参考文献著录。

10. 附录

附录是文稿的附件，不是必要的组成部分。附录向读者提供正文中部分内容的详尽推导、演算、证明，有关仪器、装备或解释、说明，以及有关的数据、曲线、照片或其他辅助资料（如计算机的框图和程序软件、专用术语与符号的解说等）。

四、电力专业技术论文的写作程序

（一）选题阶段

1. 选题

是指在特定问题所涉及的范围内，经过筛选、拓展、推断、限制、比较权衡和抽取之后，将某一问题或其侧面选定为研究课题，进而确定为论文的论题。

2. 选题的方法

掌握有关的专业信息；深入调查，了解电力生产建设、科学实验、技术革新、技术改造等第一线的实际情况，以便发现那些在生产实际中有价值的科研课题；选择前人没有研究过或没有研究成功的课题，或者虽有研究成果但仍可进一步研究的课题，或者至今仍有争议、无定论的课题，以及虽有公认结论但作者有把握证明其谬误的课题。

3. 选题的原则

实事求是原则。要从电力生产、建设的实际出发，选择那些本人兴趣浓厚、能发挥业务专长而能力又可及的课题。

价值与效益原则。选择对电力科学的基本理论建设有重要意义的科研题目，或者对当前电力科学的发展有迫切现实意义的题目。

创新性原则。选择那些有可能产生新观点、新见解、新方法、新技术、新工艺的课题进行研究和探讨。

（二）准备阶段

1. 制定具体而详细的科研计划

计划中要列出检索、搜集资料，调研或实验的方向，以及分析、总结研究成果等内容，并按时间先后排出日程。科研计划制定得好，能使研究工作有条不紊地进行。

2. 搜集和整理资料

根据选题，从图书室档案馆、从实地调查、从科学实验中获取丰富的资料，并将其收集整理出来。

3. 总结研究成果

这标志着进入实际撰写论文的前期阶段，一般分为两步：

（1）确立论点。论点是在搜集和整理有关资料的基础上，由论文作者在创造性的思考过程中逐步确立的，反映了作者的观点和主张。论点一经确立，就起到统率全篇的作用。中心论点可以有若干个分论点。

（2）选定材料。论点确立后，便应该根据论点选定写入论文的材料。这些从大量资料、测量数据、实验记录和调查所得事实中筛选出来的材料，本身应该有科学价值，能反映论文的研究成果，同时还能作为论据证明论文观点的正确。

选取论文写作材料的原则和标准：根据主题需要决定取舍；选择典型的材料；选取新颖的材料。

（三）拟稿阶段

1. 拟写写作提纲

这是写好论文的关键程序，能够帮助作者从全局着眼，理清思路，分清主次，安排详略，树立全篇论文的骨架，明确层次的重点，避免随想随写而造成的遗漏、谬误、详略失当和条理不清等弊病。

2. 撰写成文

根据提纲的安排，按照学术论文的写作格式，应用引文和图表，以完整的规范段，把自己的研究成果撰写成一篇完整的文章。

（四）定稿阶段

这是论文的修改润色阶段，应从内容和形式两方面进行。

内容的修改可通读全文，再按次序反复推敲：中心论点和各分论点是否正确鲜明；材料是否充分、必要而有说服力，安排是否恰当；论证是否严谨、周密，富有逻辑性。

表达形式的修改要认真推敲，以达到如下标准：结构完整，衔接严密；用词精当，概念准确；文句通达，标点恰当；行款格式合乎规范，文面美观。

案例：

变电站电能质量的监测与分析

×××

摘要：为了保护电网的安全运行和用户的安全用电，迫切需要加强对电网电能质量进行监测和综合分析，掌握电网的电能质量水平与状况。本文介绍了变电站电能质量在线监测系统对谐波严重的 110kV 成武变电站进行实时在线监测的实例，根据监测数据和结果分析了该变电站的电能质量，指出了影响电能质量的因素并提出相应的对策。

关键词：变电站 电能质量 监测

随着经济的快速发展，电网中非线性负荷用户的比例不断提高，由此，供电电能质量严重下降。电能质量严重超标正在大范围地污染供电环境，危及电网及其供电设备的安全稳定运行，严重影响电力企业及广大用户的经济效益。这种现象在山东菏泽 110kV 成武站表现十分严重，它不但使变电设备的安全运行无法保证，而且影响到当地的企业生产用电和居民生活用电。为此 2002 年在该站安装了电能质量监测系统，对 10kV 母线的电能质量进行连续的监测。

1. 110kV 成武站电能质量在线监测系统介绍

为了加强对电能质量的管理和监控，2002 年菏泽供电公司建立了变电站电能质量在线监测系统，并选择谐波严重的 110kV 成武变电站进行实时在线监测。此前，该站经常烧 TV 保险，曾多次发生过 TV 爆炸的事故，存在严重的谐振现象。

采用电能质量在线监测仪进行实时监测，该装置主要有以下几种监测和统计功能：

1）三相各次谐波电压、电流及其谐波含有率；

2）三相电压、电流总谐波畸变率；

3）三相有功、无功功率及其方向；

4）总的有功、无功功率，功率因数及相位移功率因数；

5）电网频率、线电压、电压偏差；

6）电压不平衡度、负序电压、负序电流。

电能质量在线监测单元安装在 110kV 成武变电站 10kV Ⅱ段母线，服务器安装在监控中心，是集通信/数据库/Web 发布于一体的服务器，与变电站监控单元间通过光纤进行通信传输数据，同时监控数据通过 Web 服务器对 MIS 系统开放，支持Web 浏览方式，做到数据共享，公司所有局域网内的微机，均可通过 Web 浏览进行访问，查看电能质量分析的各种报表和数据，了解监测点的电压、电流波形、各次电流电压的谐波分量等电能质量情况。

2. 变电站概况及监测结果

该变电站有主变压器 2 台，容量均为 31.5MVA，110kV 母线、35kV 母线、10kV 母线均分段并列运行，有并联补偿电容器一组，容量为 2700kvar，正常运行方式为 2 号主变压器带全站负荷。负荷主要是周围一些工厂的用电、城市生活用电及周围农业负荷。工业用电主要集中于棉厂、纱厂、变压器厂、化工厂和木材加工厂等，这些也是该站主要的谐波源。

经过 3 个月的连续监测，对数据进行了统计，该监测点监测数据的部分统计报表，见表 1～表 6（略）。

3. 对电能质量的分析

根据监测数据和结果分析：

（1）从谐波电压总畸变率报表 4 可看出，该监测点谐波电压总畸变率严重超标。国家标准为 4%，实际情况是三相总畸变依次为：6.89%、6.50%、7.24%。对于并联无功补偿装置，10kV 电容器应适当改变电容参数，避免产生谐振，防止谐波对电容器造成损坏。以后对该站新增负荷时，应严格控制谐波源，以免谐波分量进一步提高，给电网造成较大的安全隐患。

（2）从各次谐波电压畸变率水平报表 1 可见：3 次谐波含有率较高，A 相为 6.7%；其次是 5、7 次谐波。这对并联无功补偿电容器串联电抗百分数的选择，有重要的价值。

（3）谐波电流均不超标，主要谐波频谱为：3、5、7、9 次，这为谐波治理提供了基础数据。

（4）根据（1）～（3）可判断，该监测点存在严重的 3 次谐波谐振现象，应改变系统运行方式，分析并补偿电容器对谐波的影响。

（5）根据无功功率数据大小、方向及功率因数判断，该站 10kV 母线安装的并联无功补偿装置，其基波无功功率偏大（各种工况下功率因数基本保持 1，某些工况下出现少量的无功倒送），因此，整体 10kV 母线电压偏高。

（6）根据基波电压最大最小值、电压偏差最大最小值、零序负序电压最大值、总谐波电压畸变率最大值、各次谐波电压、电流含量最大值、闪变最大值等参数判断，检测中出现过大的电网冲击，10kV 母线接有大的冲击性负荷，或出现 B 相经中间物接地现象（出现过很高的零序、负序电压）。

（7）根据电压偏差可知各相电压合格率，A 相 92.69%，B 相 97.8%，C 相 94.6%，A 相合格率较低，且绝大部分为正偏差。

由以上分析可看出，该变电站存在严重的谐波污染，3 次谐波存在谐振，并且 10kV 并联补偿电容器对谐波有放大作用，应调整其运行参数。

4. 影响电能质量的因素及其对策

影响电能质量的主要因素是各种非线性用电设备、变压器和各类铁心电抗器，它们可分为以下几类：① 电力装置，这是最严重的谐波源。……（略）；② 电弧炉，如炼钢用的交流电弧炉；③ 家用电器，如日光灯、电视机、调速风扇、空调、电冰箱等；④ 高新技术的多种设备，如电子计算机、功率调节器、节能灯等。对110kV 成武站来说，周围工厂的大量电力电子设备、各种大容量电动机是其最主要的谐波源，其次是大量城市生活用电设备等。

谐波不但影响用户设备的正常运行，而且对电网设备和自动化装置有很大的影响。要减少谐波对电网自动化装置的影响，应改进自动化装置的制作工艺和工作原理，加强装置的抗干扰能力，防止装置误动作。但这对改善电网的电能质量并无任何作用，只能是减少电网谐波对自动化装置影响，因此电能质量的治理，应加强对用户谐波源的治理和改变电网参数，降低或消除谐波谐振。

（1）对于电动机控制器产生的谐波，谐波的形状很分明，可以装用谐波滤波器来降低谐波电流。

（2）对于特殊需要的用户，可装用隔离变压器；限制均衡的三次谐波，可以采用一台 D，yn 接法的隔离变压器。

（3）安装有源的谐波调节器；在工作时注入一个电流来精确地补偿由负荷产生的谐波电流，就会获得一个纯的正弦波。这种滤波设备的工作，靠数字信号处理（DSP）技术，控制快速绝缘栅双极晶体管（IGBT）。因为设备是与供电系统并联工作，它只控制谐波电流，基波电流并不流过滤波器。有源滤波器已日益推广应用。

（4）对于电网，应优化电网参数，改变运行方式，优化无功补偿的安装地点、方式和容量，消除电网谐振或减小电网对谐波的放大作用。

为了改善 110kV 成武站的电能质量状况，对该站采取了一系列措施：

1）在 10kV TV、35kV TV 的一次侧中性点加装非线性电阻；

2）在 10kV 母线加装消谐装置；

3）在 2 号主变压器 35kV 侧中性点加装消谐装置；

4）改变 10kV 并联补偿电容器的参数，消除谐振，减少对谐波的放大作用。

经过治理，现在已很少烧 TV 保险，也没有发生 TV 爆炸事故，而且电能质量状况较以前有较大的改善。

5. 结束语

为了保护电网的安全运行和用户的安全用电，迫切需要加强对电网电能质量进行监测和综合分析，掌握电网的电能质量水平与状况，依照国家标准进行在线评估及采用统计，从而使电能质量指标参数供给广大电力工作者、用户以及决策领导层进行分析应用，采取防范措施，限制强干扰源（如谐波源），从而确保电力系统的

模块 1

TYBZ03806001

安全、可靠、运行，保护电力用户的合法权益。

参考文献（略）

【思考与练习】

1. 电力专业技术论文具有哪些特点？
2. 电力专业技术论文如何选题？
3. 电力专业技术论文结构有哪些要求？
4. 自选课题，按照论文的写作要求撰写一篇电力专业技术论文。

模块 2　科技论文的写作规范（TYBZ03806002）

【模块描述】 本模块包含科技论文写作的书写方式和格式要求，通过科技论文写作规范的讲解和体例介绍，掌握科技论文中涉及汉字、数字、符号、计量单位、公式、表格、插图、标题层次等的书写方式与格式要求。

【正文】

一、标题层次

标题层次一律用阿拉伯数字连续编号，不同层次的数字之间加下圆点相隔（即圆点加在数字的右下角），最后数字后面不加标点。

层次不宜过多，通常不应超过 4 级，即：

第 1 级标题——1

第 2 级标题——1.1

第 3 级标题——1.1.1

第 4 级标题——1.1.1.1

序号应左顶格书写。有标题时，在序号后空一字距写标题，另起一行写具体内容；没有标题时，在序号后空一字距再写具体内容。

层次标题力求简短，一般不要超过 15 个字，标题末不用标点符号。

二、汉字及标点符号

汉字书写力求工整，切莫潦草，应严格执行《现代汉语通用字表》和《简化字总表》。标点符号以 GB/T 15834—1995《标点符号用法》（见附录五）为准。

汉字与标点符号均应落在方格稿纸的格子内（外文词汇字母与阿拉伯数字可适当靠紧，不受格子限制），且要用钢笔或圆珠笔书写。文稿如用计算机打字，则行距应适当加大，以备修改之用。

三、几个特殊符号的用法

（1）半字线"–"，占半个字宽，书写时不占格而写在两格之间．它用于结合各种并列和从属关系。例如：并列短语（应力–应变曲线）；产品型号（SZB-4 真空泵）；图、表、公式的序号（图 3–1，表 2–5，式 3–2）；全数字日期（1999-01-10）等。

（2）一字线"—"，占一个字宽，书写时比汉字"一"略宽一些。用于化学键（C—H—C），标准化号（YBl37—1964），图注（1—低碳钢），机械图中的剖面（A—A）。

（3）二字线，"——"，书写时占两格。用于公式中的符号说明，引出副标题，进一步解释说明正文中词语的含义等。

（4）范围号"～"（占一格），使用时不要把它和"∽"（相似）、≈（约等于）、⌒（渐近等于）混同。范围号前的计量单位可以省略，如 10mm～15mm，应写成 10～15mm；但表示角度的"°"与百分数范围的应重复书写，如 15°～20°，15%～20%。

（5）省略号在正文中用 6 个连续黑点（占两格）表示，在公式与矩阵表达式中只要用 3 个连续黑点（占一格）表示。

（6）不大于（⊅）和不小于（≮）符号不得使用。

（7）时、分、秒的分隔符为冒号，而不是比例号。例如：14:12:36（14 时 12 分 36 秒）

四、数字用法

采用 GB 15835—1995《出版物上数字用法的规定》，见本书附录六。补充几点如下：

（1）数字的增加可用倍数和百分数表示。例如：增加了 3 倍，即原来为 1，现在为 4；增加到 3 倍，即原来为 1，现在为 3；增加了 60%，即原来为 1，现在为 1.6。数字的减少只能用百分数或分数表示，而不能用倍数表示。例如：降低了 60%，即原来为 1，现在为 0.4；降低到 60%，即原来为 1，现在为 0.6；减少了 1/4，即原来为 1，现在为 0.75。

（2）一个数字的前后不能同时并用两个描述近似数的词，如"约"、"近"、"左右"、"上下"等。例如："两端的电压约为 10V 左右"的说法是不对的。此外，像"中文摘要不宜超过 200～300 字"、"最大值为 20A 左右"的表述也是不恰当的。

五、参数和偏差范围的表示

（1）有相同幂次的参数，前一个参数的幂次不能省略。例如：$4 \times 10^3 \sim 6 \times 10^3$ 不能写作 $4 \sim 6 \times 10^3$。

（2）单位不是完全相同的参数范围，每个参数的单位应全部写出。例如：$36° \sim 42° 18'$。

（3）参数与其偏差的单位相同时，只要将单位写在偏差的后面。例如：25.3 ± 0.1mm，不要写成 25.3mm± 0.1mm。

模块 2

TYBZ03806002

（4）参数的上、下偏差不相等时，上、下偏差分别写在参数的右上、右下角，单位只写 1 次。例如：$35^{+2}_{-1}\,℃$ 不要写成 $35^{+2℃}_{-1℃}$

（5）参数上、下偏差的有效位数应全部写出。例如：$16^{+0.36}_{-0.50}\,\text{mg}$ 不应写成 $16^{+0.36}_{-0.5}\,\text{mg}$。

（6）表示两个绝对值相等、偏差相同的参数范围时，范围号"～"不能省略。例如：$5'\pm2''\sim-5'\pm2''$，不能写成 $\pm5'\pm2''$。

六、计量单位

科技文稿的计量单位一律采用 GB 3102—1993《量和单位》的规定（参见附录七），并以正体符号表示。凡来源于人名的单位国际符号，第 1 个字母要大写，其余用小写；来源于非人名的单位国际符号均为小写；词头符号字母表示的因数小于 10^6 时一律小写，大于或等于 10^6 时大写。

注意事项：

（1）单位符号和数值不得拆开。例如：1.81m 不能写成 1m81。

（2）单位符号中不得加任何额外标记，如缩写点、复数形式、下角标或其他说明性记号。

（3）可以用汉字与国际符号构成组合单位。例如：m^2/人，元/kW·h。

（4）数值与单位符号间应空出 1/4 字距。

（5）万（10^4）、亿（10^8）可与单位符号构成组合单位。例如：装机容量 10 万 kW；年发电量 5 亿 kW·h。

（6）升（L）单独使用时要大写，如 12L；与词头组合时可小写，如 5ml，而不要写成 5mL。

（7）用附带尺寸单位的数值相乘表示空间大小时，其单位均应写出。例如：10m×20m×30m，不能写成 10×20×30m。

（8）在正文中一般不用符号代替符号名称或文字说明。如：每日测量 3 次，不应写成每 d 测量 3 次；其长度应大于宽度，不应写成其长度>宽度；测量结果以百分数表示，不应写成测量结果以%表示。

（9）阿拉伯数字与法定计量单位之间夹有"多"字时，不用符号而用中文单位名称。如：60 多 kg，应写成 60 多公斤。

（10）停止使用的单位有：① 所有市制单位，"亩"从 1992 年 1 月起已停止使用，改用公顷（hm^2）；② 除平方公里、公顷外的"公字头"单位；③ 英制单位；④ 其他旧杂制单位。

七、表格

表格要有表序和表名。如只有 1 个表，也要标上"表 1"。表名要简明确切，一般不要超过 15 个字，末尾不加标点符号。表序与表名之间空一字距，居中位于表格的上方。

表内各栏参数均应标明单位。若所有栏或多数栏内单位相同，可将相同单位标注在表名后的圆括号内，个别不同者标注在有关栏内。

表内一律用阿拉伯数字，且要上下对齐，同一栏内有效位数要一致。如相邻栏内数字相同，不能用"同上"、"同左"等，而要重复写出。表内空白代表未测或无此项，"——"代表无，"0"代表实测结果为零。

表格如要转页续写，应在续表上方居中标注"续表"2个字，且表头不能省略。

表内不设"备注"项，如需注释，可列在表的下方，表内用星号或方括号数码注明。

推荐使用三线表。三线表只有上下2根反线（粗线）和表头下的1根正线（细线），不仅表头取消了斜线，表身不出现竖线，而且还省略了横分隔线。三线表中量的名称与单位用斜线"/"连接，如长度 l/m，压力 p/kPa。

表格位置应随文列出，要紧接在第一次涉及它的文字段后面，且应尽量与涉及文字在同一段落或安排在同一页上以便阅读。

八、插图

插图包括线条图与相片，一定要精选，以避免与文字、表格的内容重复。它一般随文排，如有困难，也应争取放在涉及文字段落的同一章节中。

插图应有序号和图名。如只有一幅插图，也要标上"图1"。图名要简短准确，一般不要超过15个字，末尾不加标点符号。图序与图名之间空一字距，居中排在图的下方。有分图时，分图用（a）、（b）……标序，分图名位于图名下方；图注放在分图名的下方；分图名之间、图注之间加分号，但末项不加句号。

函数图的标目应与被标注的坐标轴平行，且居中排在坐标轴和标值的外侧，量与单位字符之间用斜线"/"隔开，如 I/A，p/kgm^{-3} 等。非定量的且只有一两个字母标注的简单标目，如 x，y 等也可直接放在坐标轴顶端的外侧。

线条图要用墨汁描在透明的描图纸上，且要线条清晰，粗细均匀，比例适当。图中文字与符号一律采用植字，不要手写（如植字有困难，请用铅笔写上，由编辑部代为植字）。照片应力求少附，如非附不可，则要求图像清晰、层次分明、反差适度且不得有折痕与锈斑等。

九、数理公式（化学反应式）

重要数理公式和化学反应式居中排（比较简单的或叙述性的式子可串文排），末尾不加任何标点符号。公式应按出现的顺序连续编号，序号用阿拉伯数字并加圆括号排在行末顶格处，公式与序号之间不加引导线。

公式中的符号需要说明时，"式中"2个字左顶格书写，其后不用冒号，空一字距接写需说明的符号，后用破折号再接写说明文字，各项说明后用分号隔开（给出

模块 2

TYBZ03806002

计量单位时加圆括号，说明文字与圆括号之间不用逗号，且把分号移到圆括号后）；最后一条说明后用句号。说明文字较多需转行时，要同上一行对齐。

　　长公式转行时，最好在等号或其他数字符号处转行，转行后不必重复写出关系符号。化学反应式尽可能在反应方向号（"→"、"⇌"）或其他符号（"+"、"－"）处转行，反应符号置于转行后的行首，而上行末不必再加反应符号。转行后，反应式一般成阶梯式排列。

　　公式中的横分数线要书写清楚，繁分数中的主分数线必须与等号对齐。公式中不应出现除号"÷"和比例号"："，而改用分数形式。

　　十、外文字母书写及单词移行规则

　　科技文稿应特别注意外文字母的正斜体、大小写、上下角标以及单词的移行。外文字母仅限于使用拉丁字母和希腊字母。

　　1. 正体使用规则

　　（1）所有计量单位、词头和量纲符号。计量单位如：m（米）、V（伏）；词头如：k（千）、μ（微）；量纲如：M（质量）、J（发光强度）等。

　　（2）数学式中的运算符号、缩写号、特殊函数符号和某些特殊的集符号等。运算符号如：∑（连加）、∏（连乘）、d（微分）、Δ（有限增量）等；缩写号如：min（最小）、lim（极限）、det（行列式）、T 或 t（转置符号）等；特殊常数符号如：π（圆周率）、e（自然对数的底）、i（虚数符号）、const（常数）等；指数、对数、三角、双曲函数符号如：exp（指数函数）、ln（自然对数）、sin（正弦）、sinh（双曲正弦）等；特殊函数符号如：Γ（x）（伽玛函数）等；5 个特殊的集符号：N（非负整数集）、Z（整数集）、Q（有理数集）、R（实数集）、C（复数集）。

　　（3）具有特定含义的非量符号下角标和用汉语拼音作下角标的拼音字母。例如：E_k（动能）、E_p（势能）、E_R（辐射能）、v_j（进气口速度）等。

　　（4）化学元素符号，如 Na（钠）、K（钾）、Ca（钙）等。

　　（5）仪器、元件、样品等的型号或标准化号，如：IBM-PX 微机、GB/T 3100—1993 等。

　　（6）不表示量符号的外文缩写字，如：N（北）、S（南）等。

　　（7）表示序号的拉丁字母，如：附录 A、附录 B 等。

　　（8）图名、人名、地名和组织机构名称。

　　（9）电气线路及电路中的汉语拼音缩写。

　　（10）程序框图中计算语言字母。

　　2. 斜体使用规则

　　（1）数学中用字母表示的数和一般函数。如 x、y、z、F（t）等。

代表点、线、面和图形的字母也排斜体。如 P 点，$\triangle ABC$ 等。

（2）量符号及量符号中代表量和变动性数字的下角标符号。如：m（质量）、C_p（定压比热）、E_i（i=1、2、3）。

（3）无量纲参数符号。如 Re（雷诺数）、Fo（傅里叶数）等。

（4）矢量和张量（用黑斜体）。

（5）化学中表示旋光性、分子构型、构象、取代基位置等的符号。如 d—（右旋）、sp—（顺叠构象）、as—（不对称的）。

3．大写使用规则

（1）来源于人名的单位符号的第 1 个字母。如 A（安）、Pa（帕）等。

（2）化学元素符号的首字母。如 Fe（铁）、Si（硅）等。

（3）人的名字、父名和姓的首字母。

（4）国家、组织、会议、文件以及学校、机关、报刊等名称的每一个词（由 3 个以下字母组成的前置词、冠词、连词等除外）的首字母。

（5）表示 10^6 及以上因数的词头符号。如 M（10^6）、G（10^9）、T（10^{12}）等。

（6）量纲符号。如 L（长度）、T（时间）、I（电流）等。

（7）科技名词术语的缩写词，如 FIRD（远红外探测器）等。

（8）月份和星期的首字母。

（9）附在中译名后面的外文专有名词以及德文名词的首字母。

（10）外文标题、章节名等为了突出，有时采用全大写。

4．小写使用规则

（1）除来源于人名以外的一般单位符号。［但 1 个法定计量单位 L（升）和 3 个暂可与国际单位制的单位并用的一般单位符号 A（天文单位）、Å（埃）、Np（奈培）例外］

（2）由 3 个以下字母构成的前置词、连词、冠词等。（处在句首位置或全部字母都采用大写的特殊情况除外）

（3）表示 10^3 以下因数的词头符号。

注意：pH 值中的 p 为小写正体，H 是大写正体。

5．单词移行规则

外文单词移行时要按音节断开，且其连接符号"–"（半字线）应放在上行末。单音词不能移行，缩写字组及人名应避免移行。

十一、名词术语

科技名词术语应尽量采用中国科学院编辑出版委员会名词室编定的名称。尚未编定的可采用各部及其所属科研单位惯用的名称。如果是作者自创的特殊名词或新名词，则应酌加注释。

【思考与练习】

1. 科技论文的标题层次如何表示？
2. 科技文稿的计量单位一律采用什么标准？
3. 科技文稿在外文字母大小写上有哪些规则？

第七章 经济活动应用文

模块 1 合同与协议书（TYBZ03807001）

【模块描述】本模块介绍合同的含义、作用、特点、种类、结构与内容、写作要求；介绍合同与协议书的区别。通过内容讲解和体例介绍，掌握合同与协议书的写作方法。

【正文】

一、合同的含义和作用

（一）合同的含义

合同又称契约，是两个或两个以上的当事人为实现一定目的，明确彼此权利和义务的书面文书，用以证明负债、抵押、租赁、转让等关系。《中华人民共和国合同法》第 2 条明确表述："本法所称合同是平等主体的自然人、法人、其他组织之间设立、变更、终止民事权利义务关系的协议。"

（二）合同的作用

1）合同是发展专业化协作的纽带。

2）合同是促进企业经济核算的有效手段。

3）合同是国家对企业实施监督的重要凭借。

4）合同是维护当事人合法权益的有力保障。

二、合同的特点和种类

（一）合同的特点

1. 合法性

含义有三层：① 签署合同的主体的身份是合法的，都必须具有法律赋予的民事行为能力和权利能力。② 合同的内容要合法。合同的内容不得违背党和国家的方针、政策，不得违反国家的法律、法规。③ 合同一旦签订，就具有法律效力，受到法律保护。

2. 合意性

签署合同，必须是双方当事人真实意思的表达。不能有任何胁迫行为，不能签署违背自己意愿的条款。

3. 平等性

合同是在公平自愿的基础上签订的协议,合同当事人的法律地位一律平等。合同中承担的义务和享受的权利也是对等的。

4. 诚信性

签署合同必须坚持诚实信用原则,不得有任何欺骗行为。

5. 规范性

合同在文本结构和内容上都有一定的规范性。合同一般有首部、正文、尾部和附件四部分,形成较稳定的文本结构。有些合同在内容上也很规范,如地产、银行、邮政、机场等使用的合同。

（二）合同的种类

1）买卖合同。

2）供用电、水、气、热力合同。

3）赠与合同。

4）借款合同。

5）租赁合同。

6）融资合同。

7）承揽合同。

8）建设工程合同。

9）运输合同。

10）技术合同。

11）保管合同。

12）仓储合同。

13）委托合同。

14）行纪合同。

15）居间合同。

三、合同的结构和内容

现实生活中合同内容丰富多样,合同形式也多种多样。不过,综观内容繁简不一的合同,可以发现合同文本具有较为稳定的书面结构模式,一般由首部、正文、尾部和附件四部分构成。

（一）首部

由标题、当事人基本情况构成。

标题是合同的性质、内容、种类的具体体现。如"生猪、鲜蛋、菜牛、菜羊、家禽购销合同",表明该合同是买卖合同中的鲜活农副产品买卖合同。切不可出现标题与合同内容不一致的现象。

　　当事人基本情况居标题之下，正文之上。当事人基本情况即当事人的名称或者姓名、住所和身份证号码（合同法将此项内容划入主要条款之列），同时写明双方在合同中的关系，如"买方"、"卖方"等。当事人是法人或其他组织的，写明该法人的名称、住所和身份证号码。此项内容是确定当事人、确定合同权利和义务承担者的主要依据。

　　（二）正文

　　这部分拟写合同的主要条款，是合同最重要的部分。合同主要条款内容简述如下：

　　1. 标的

　　标的是合同当事人权利和义务共同指向的对象。合同标的可以是货物，可以是货币，也可以是工程项目、智力成果等。合同的标的要写明标的名称，以使标的特定化，以便确定当事人的权利和义务。

　　2. 数量和质量

　　数量是以数字和计量单位来衡量标的的尺度。质量是标的内在素质和外观形态的综合，包括标的名称、品种、规格、型号、等级、标准、技术要求、物理和化学成分、款式、感觉要素、性能等。数量和质量条款是合同的主要条款，没有数量，权利义务的大小很难确定；没有质量，权利义务极易发生纠纷。因此该条款要给予明确、具体的规定。

　　3. 价款或者报酬

　　价款是根据合同取得财产的一方当事人向另一方当事人支付的以货币表示的代价。报酬是根据合同取得劳务的一方当事人向另一方当事人支付的货币，又可以称为酬金。价款或报酬是有偿合同的必备条款，合同中应说明价款或报酬数额及计算标准、结算方式和程序等。

　　4. 合同的期限、履行地点和方式

　　合同的期限包括有效期限和履行期限。有的合同如租赁合同、借款合同等必须具备有效期限。合同的履行期限是当事人履行合同的时间限度。履行的地点和方式是确定验收、费用、风险和标的物所有权转移的依据。

　　5. 违约责任

　　违约责任是违反合同义务的当事人应承担的法律责任。合同规定违约责任有利于督促当事人自觉履行合同，发生纠纷时也有利于确定违约方所承担的责任，这是合同履行的保障性条款。

　　6. 解决争议的方法

　　合同发生争议时，其解决方法包括当事人协商、第三者调解、仲裁、法院审理等几种。当事人在订立合同时，应当约定争议解决的方法。

7. 其他

除合同主要条款以外，双方当事人应根据实际情况约定其他有关双方权利和义务的条款。

（三）尾部

即合同结尾，一般包括以下内容：双方当事人签名、盖章（一般以双方签章日为合同的生效日，另有约定的除外）；单位地址，电话号码，电报挂号，邮政编码；银行开户名称，开户银行账号；签证或公证。

（四）附件

主要是合同标的条款或有关条款的说明性材料及相关证明材料。如技术性较强的商品买卖合同，需要用附件或附图形式详细说明标的的全部情况。合同附件是合同的共同组成部分，同样具有法律效力。

四、合同的写作要求

1）内容要合法。

2）格式要规范。

3）条款要完备、具体。

4）表述要准确、简明。

5）字迹要清楚，文面要整洁。

五、合同与协议书区别

对当事人具有法定约束力，是协议书与合同一致之处。不同之处：协议书适用范围更广泛，项目内容也更多。下面两种情况适用协议：一是作为合同之前签订的比较原则的协定，起意向作用；二是用于规定对已签订的合同的修订补充意见。在执行合同过程中，会发现有些条款不完善，或遇到客观变化而无法执行。经双方当事人协商同意，可对合同作部分修补而使用协议书。协议书经双方签章并报原合同鉴证机关后就成为已订合同的组成部分。

案例：

××工程施工合同

甲方：

乙方：

为贯彻"安全第一，预防为主"的方针，明确双方的安全责任，确保施工中人身、电网和设备安全，根据国家有关法律法规，经双方协商一致签订本合同。

第一条：工程项目（略）

第二条：施工地址（略）

第三条：甲方安全责任

1. 开工前甲方对乙方进行施工安全技术交底，并应有书面记录或资料。

2. 甲方应要求乙方制定施工安全措施，在开始施工前报甲方备案。

3. 甲方有协助乙方搞好安全生产、防火管理以及督促检查的义务。甲方有权检查督促乙方执行有关安全生产方面的工作规定，对乙方不符合安全文明施工的行为进行制止、纠正并发出安全整改通知书，直至清退出场。

4. 甲方指派××同志负责与乙方联系安全生产方面的工作。

5. 甲方负责签发工作票，对工作票所填写的安全措施是否正确完备负责，并履行工作票许可手续。

6. 甲方有权对乙方参与施工的人员进行安全技术知识和安全工作规程的抽考。

7. 乙方在施工中发生的甲方电网、设备事故，甲方有责任负责调查、统计上报。乙方在施工中如发生国务院《特别重大事故调查程序暂行规定》所规定的特大事故，甲方有权督促乙方立即通知当地政府和公安部门，要求派人保护现场；并有权要求乙方提供事故调查书面结论及处理意见。

8. 甲方不得要求乙方违反安全管理规定进行施工。因甲方原因导致的事故由甲方承担责任。

9. 发生以下情况停工整顿，因停工造成的违约责任由乙方承担：

（1）人身伤亡事故；

（2）施工机械、生产主设备严重损坏事故；

（3）厂内火灾事故；

（4）违章作业、冒险作业不听劝告的；

（5）施工现场脏、乱、差，不能满足安全和文明施工要求的。

第四条：乙方安全责任

乙方作为工程项目的承包单位，对工程施工过程中发生的人身伤害、设备损坏事故承担安全责任。乙方应切实履行以下安全责任：

1. 乙方所提供的承包工程要求的相关资质证明材料应真实、合法、有效。

2. 乙方必须贯彻执行国家有关安全生产的法律法规，制定相应的安全管理制度，严格执行《电业安全工作规程》、《电力建设安全工作规程》、《电力设备典型消防规程》等有关电力生产规程和甲方关于工作票制度及其他安全生产规定、制度。

3. 现场施工应遵守国家和地方关于劳动安全、劳务用工法律法规及规章制度，保证其用工的合法性。乙方必须按国家有关规定，为施工人员进行人身保险，配备合格的劳动防护用品、安全用具。

4. 施工期间，乙方应设有专职安监人员（少于 30 人者设兼职）。乙方指派作为安全工作联系人。

5. 乙方一切施工活动，必须编制安全施工措施，施工前对全体施工人员进行全面的安全技术交底，并在整个施工过程正确、完整地执行。无措施或未交底严禁布置施工。

6. 乙方用于本工程项目的施工机械、工器具及安全防护用具的数量和质量必须满足施工需要，并经有资质检验单位检验符合安全规定。乙方对因使用工器具不当所造成的人员伤害及设备损坏负责。

7. 开工前，乙方应组织全体施工人员进行安全教育，并将参加安全教育人员名单（包括临时增补或调换人员）与考试成绩报给甲方备案。特种作业人员必须有有关部门核发的合格有效的上岗资格证书。

开工前，乙方应到甲方办理临时出入证并佩戴出入证进入施工现场，出入证严禁转借他人。

8. 开工前，乙方应组织人员对施工区域、作业环境及甲方提供使用的设施设备、工器具等进行检查，确认符合安全要求。一经开工，就表示乙方已确认施工现场、作业环境、设施设备、工器具符合安全要求并处于安全状态。

9. 乙方应在施工范围装设临时围栏或警告标志。不得超越指定的施工范围进行施工。禁止无关人员进入施工现场。未经甲方同意，乙方不得擅自使用与施工无关的甲方设施设备，不得擅自拆除、变更甲方防护设施及标示。

10. 乙方施工过程中需使用电、水源，应事先与甲方取得联系，不得私拉乱接。中断作业或遇故障应立即切断有关开关。

11. 乙方施工过程中应做到工完、料尽、场地清，确保安全文明施工。

12. 乙方必须接受甲方的监督、检查，对甲方提出的安全整改意见必须及时整改。

13. 乙方施工过程中发生人身伤亡、电网和设备事故或危及生产运行的不安全情况，应立即报告甲方，并积极配合调查。

乙方应执行国务院《特别重大事故调查程序暂行规定》、《企业职工伤亡事故报告和处理规定》和《电业生产事故调查规程》，对人员在施工中发生的人身伤亡事故，还必须立即用电话、电传或电报等向事故所在地的政府安全管理部门、公安部门、工会报告，按规定组织调查处理，并由乙方统计上报。如发生国务院《特别重大事故调查程序暂时规定》所规定的特大事故，还应立即通知当地政府、公安部门，并要求派人保护现场。

乙方应将事故调查组的事故调查报告及乙方事故处理意见提交甲方备案。

第五条：甲乙双方联系方式及响应时间

甲乙双方应以工作联系单、传真、电传等书面形式送达对方。双方在接到对方的书面联系时，应于4小时内予以响应。

第六条：施工安全保证金

甲方预留工程款的 10%作为乙方的安全保证金。乙方在施工过程中未发生人身重伤、电网和设备及以上事故，于工程竣工验收后将该保证金全额退还。若施工过程中发生下列有乙方责任的安全事故，扣除相应数额的安全保证金：

（1）发生人身死亡事故、电网和设备重大事故，扣除全部安全保证金；

（2）发生人身重伤事故、电网和设备事故，扣除 50%安全保证金；

（3）乙方人员发生违章行为的经济处罚，按处罚规定从安全保证金内扣除。

第七条：违约责任

1. 由于甲方或乙方责任造成对方或第三方的人身伤害、设备损坏等财产损失，由责任方承担相应责任，并赔偿对方或第三方因此造成的全部损失。

2. 合同履行中，发现乙方提供的有关资质材料无效，甲方有权解除合同，并由乙方承担由此造成的一切损失。

3. 发现乙方现场作业人员有违章行为的，比照甲方有关安全生产奖惩规定对甲方职工相类似的违章行为应扣款数额，承担相应的违约金。

4. 乙方未设置安监人员，未能正确、全面执行安全技术措施、施工组织设计，施工人员未掌握本工程项目特点及施工安全措施，用于本工程项目的施工机械、工器具及安全防护用品不满足施工需要，甲方有权要求乙方立即停工整改，由此引起的后果及损失由乙方承担。

5. 乙方人员安全工作规程抽考不合格，乙方应承担 50 元/人次的违约责任；特种人员无证上岗，乙方应承担 100 元/人次的违约责任。

6. 乙方使用甲方提供的设施设备、工器具等造成损坏的，应照价赔偿。

7. 乙方人员无故到其他生产区域或擅自动用甲方的设施设备等，乙方按 100 元/人次至 500 元/人次承担违约责任。

8. 乙方对甲方提出的安全整改意见不及时整改的，每逾期一天，乙方按 200 元/天至 1000 元/天承担违约责任。

9. 施工过程中发生人身伤亡、电网和设备事故有隐瞒行为的，除接受政府有关部门处理外，过错方应承担 3000 元/次至 10 000 元/次的违约责任。

第八条：甲乙双方约定的其他事项

无。

第九条：本合同执行过程中，如发生争议，由双方协商、调解解决；若经协商、调解不能解决争议的，任何一方可以向当地人民法院提起诉讼。

第十条：本合同有效期限

自　　年　月　日起至　　年　月　日止。

第十一条：本合同经双方法定代表人或委托代理人签字盖章后生效。

第十二条：本合同一式四份，甲乙双方各执两份。

第十三条：本合同签订地点在甲方住所地。

第十四条：以下七项为本合同附件：

1. 承包工程要求的乙方相关资质证明材料；

2. 乙方项目经理、管理人员、技术人员相关证明材料及施工人员名单；

3. 乙方特种作业人员上岗资格证书；

4. 乙方施工人员安全技术和安全工作规程考试成绩表；

5. 乙方施工安全技术组织措施；

6. 乙方大型独立项目的施工组织设计；

7. 甲、乙方施工安全技术交底记录资料。

甲方： 乙方：

法定代表人： 法定代表人：

委托代理人： 委托代理人：

联系电话： 联系电话：

签订时间： 年 月 日

【思考与练习】

1. 合同有哪些作用？

2. 合同具有哪些特点？

3. 撰写合同应注意哪些事项？

模块 2 招标书与投标书（TYBZ03807002）

【模块描述】本模块包含招标文书与投标文书的含义、种类、作用，招标文书和投标文书的一般写法。通过招标书与投标书写作的讲解和体例介绍，掌握招标书、投标书的写作。

【正文】

一、招标书的含义

招标是在兴建工程、大宗采购或定做商品时，以业主为招标人，或委托专门的招标机构作为招标人，公布拟建项目、拟购商品的有关条件和要求，征召工程承建单位和卖方、承包商，在指定的时间、地点，按照一定程序前来投标，最终择优选定合作对象的活动。招标书就是将有关招标内容写成书面的文书。

二、投标书的含义

投标书是投标者为了中标而按照招标书提出的项目、条件和要求提供给招标者的承诺文书。

三、招标、投标文书的种类

招标、投标是个系统过程，产生的文书种类较多，依不同的标准有不同的分类。

按作用分为招标文书和投标文书两大部分：

（1）招标文书，包括招标公告、招标通知书、招标邀请函、招标书、招标章程（须知）、评标结果报告、中标通知书、委托代理书、合同或协议书、图纸等。

（2）投标文书包括投标申请书、投标书、工程承诺书、资质证明材料、投标报价说明及造价表、图纸等。

按实施步骤，招标活动可分为"一步招标法"和"两步招标法"两种：一步招标法是指招标人一次报出投标价和技术响应书，截标后紧接着开标、评标、授标。这是一般招标大量运用的方法。两步招标法是先报技术响应书，确定合格投标人；截标后开标唱价，按评标价最低中标的原则确定中标人。

四、招标、投标文书的作用

招标在国际上被广泛运用于货物、工程、服务等领域，在经济活动竞争中具有很大作用，有助于实现社会资源优化配置，其公平的、透明的操作程序有助于防止腐败，倡兴廉政，有利于经济的繁荣和社会的发展。

五、招标书的写作要领

（一）招标书的内容和写法

招标书一般由标题、正文、落款三个部分组成：

1. 标题

招标书的标题主要有以下几种形式：一是由招标单位、标的名称或事由、文种构成，如《××火电厂设备安装工程招标书》；二是只写招标单位和文种，如《××水电厂筹建处招标书》；三是事由和文种，如《建筑安装工程招标书》；四是文种一项，如《招标书》或《招标说明书》。

2. 正文

正文一般由导语、主体、结尾组成。

导语。应写明招标单位的基本情况，招标的目的、依据及标的名称等，文字要简洁准确。

主体。要写入招标书的核心内容。一般用条文式，有的也可用表格式或条文和表格结合的形式。由于招标书的性质和内容不同，其写法也不尽相同，一般需要简要概括、分条列项地写出：① 招标项目的情况信息。商品招标书要求标明商品的名称、数量、规格、价格；工程招标要写明标的概况、资金来源、工期、工程建设

模块
2

TYBZ03807002

标准。② 招标、投标的法规要求和参与招标、投标活动的应知信息，含招标步骤、投标程序、投标费用、招标的起止时间、开标时间、评标原则和办法、合同规则（或合同示范本）等。③ 对招标对象的条件和要求，含招标范围、投标人资质、投标保证金、投标书等。

科技项目招标书则要求写清招标原则，项目名称，任务由来，研究开发目标，研究开发内容，经济技术指标，研究开发的进度要求、成果要求、经费要求，承包单位的条件及要求等。

招标书还有一些附件，如：具体的工程量清单、图纸、欲购商品清单等。内容应力求详尽、具体，表述力求规范、明确。招标书的内容较多时，要装订成册。

3. 落款

写明招标单位的名称（全称）、法人代表和日期。装订成册的招标书，在封面或正文开头部分已写明的，可从略。

（二）招标书的写作要求

（1）要有较强的政策观念和法律观念。写招标书时，要遵照《中华人民共和国招标投标法》。招标书的要求和应知事项，要符合国家有关法律、法规、政策和程序的规定。

（2）必须贯彻平等互利的原则。招标是一种为所有合格的投标人提供公平竞争机会的交易方式，因此招标书内容必须建立在平等的基础上。

（3）内容重点明确，全面周密，方案既科学、先进，又适度、可行。

（4）简明、准确。对技术规格、质量要求的表述绝对准确、无误。

六、投标书的写作要领

（一）投标书的内容和结构

1. 标题

一是由投标单位、投标项目和文种构成的标题，如"××建筑公司承建××变电站改扩建项目工程投标书"；二是只写项目和文种的标题，如"××工程投标书"；三是只写投标单位和文种的标题，如"××公司投标书"；四是只写文种的标题，如"投标书""标书"、"标函"或"投标说明书"。

2. 主送单位名称

主送单位是对招标单位的称呼。在标题下隔行顶格写上招标单位的名称，末尾加冒号。书写时要求使用全称、规范化简称。

3. 正文

投标书的正文只需要用简洁的文字直接表明态度，写明保证事项即可。有时也可根据需要简单介绍一下本单位的优势和情况，或者写明其他应标条件及要求招标单位提供配合的事项等。一般来说可分为引言、主体、落款与日期、附件等四个部分。

（1）引言。以简练的语言说明投标的依据、目的或指导思想，表明投标意愿。开宗明义，提纲挈领。

（2）主体。紧紧围绕招标书提出的目标、要求来编制投标书，应当对招标文件提出的实质性要求和条件作出响应。一般为：扼要介绍投标企业现状、具备的投标条件，目前所做的工作及中标后的承诺，提出总报价限价、完成招标项目时间，明确质量标准和保证措施等。有时还应当包括拟派出的项目负责人与主要技术人员的简历、业绩和拟用于完成招标项目的机械设备等。

（3）落款与日期。包括署名、日期、联系方式、印章等内容。位置在正文的右下方。

（4）附件。附件根据需要和实际情况而定。附件内容可包括：资格审查文件、工程量清单、投标报价表、分项标价明细表、材料清单、技术规格、有关图纸和表格、担保单位的担保书等。投标书的正文和附件是相互配合的，如果投标书的内容不是很庞杂，大部分内容可在正文中表述清楚，附件就可以减少；如果投标书整体内容很多，都写入正文，影响正文层次的清晰度，就可用多个附件分别承载其内容。正文和附件的内容布局，需要撰写人视情况而定。

（二）投标书的写作注意事项

（1）内容要有针对性。投标书编写最核心的要点是要逐条响应招标书，不能有遗漏。

（2）有科学求实的态度。投标内容要真实可信，切合实际。要实事求是地对投标项目进行分析，实事求是地估量本企业本单位的技术、经济实力，并在标书中实事求是地介绍己方、提出承诺。

（3）内容要合理合法。写投标书时，一方面要遵守国家对招标、投标工作的有关法律规章，体现国家的方针、政策，另一方面要执行国家颁布的技术规范和质量标准。

（4）讲究时效。招标都有时限规定，投标一定要讲究时效，要在规定的时限内编制并送交投标书。

（5）表述须明确、具体、全面、周密，以免疏漏或引起经济纠纷。

案例：招标书

××学院电力电缆招标书

根据我院需要，决定本年度 10 月份对电力电缆进行采购。现将所需数量及工程要求等相关事项明确如下，诚邀贵公司按本需求书进行答复和报价。

一、产品名称、规格、数量、品牌等

序号	产品名称	规　　格	单位	数量	单价	金额	品牌	备　注
1	电缆	VV$_{22}$-0.6/1kV-3×50+1×25	米	280				教学楼、学生食堂两配电房之间联络母线
2	电缆	VV-0.6/1kV-4×50+1×25	米	243				教学楼至图书馆进线电源

二、交货时间：××××年×月×日。

三、质量要求：按国家标准执行。必须符合环保要求。投标方应提供产品出厂合格证、质量检测报告等文件。

四、投标方应提供公司简介及营业执照复印件、企业资质文件、委托代理商证书等。

五、投标方必须在××××年×月×日上午 9:00～11:00 将密封并加盖密封章的投标文件送××学院监察处（综合楼 6012 房间）。在收到各公司投标文件后，评标组将择日开标。根据各公司的书面承诺、实力、业绩、质价比等进行综合评比，择优确定一家中标公司。

六、付款方式：

货到现场验收合格，并取得检验合格证，付货款的 95%，余 5%质保金，半年内无息付清。

联系人：×××、×××　　　　电话：　×××××××

××学院（印章）

××××年×月×日

案例：投标书

电力工程材料投标书

建设项目名称：

工程材料类别：

投标单位：

法定代表人：

地址：

邮政编码：

电话：

联系人：

年　　月　　日

建设工程项目名称		
投标项目名称		
投标报价	厂供价	
	运杂费用	
	综合报价	
	（品种多时按报价表填报）	

对招标文件和合同主要条款的承诺及补充意见：

材料供应组织措施方案：

对招标文件的建设方案及建议报价：

其他需要说明的问题：

模块 2

TYBZ03807002

注意事项：

1. 投标书所有内容均不得涂改，确需涂改时，涂改处需加盖法人代表或委托人的印章，否则无效。

2. 投标书应附上投标申请书及其他附件。

3. 投标书应附有规定金额的投标保函证书。

4. 如上表内容多，可另附页。

附件一　技术规范（略）

附件二　供货范围（略）

附件三　技术资料和交付进度（略）

附件四　交货进度

1. 设备的交货顺序要满足工程安装进度的要求

2. 交货进度表如下（略）

附件五　监造、检验和性能验收试验（略）

附件六　价格表（略）

附件七　技术服务与设计联络（略）

附件八　分包与外购

附件九　大（部）件情况

附件十　履约保函（格式）（略）

附件十一　投标保函（格式）（略）

附件十二　投标人资格审查文件（略）

附件十三　差异表

投标人要将投标文件和招标文件的差异之处汇集成表，技术部分和商务部分单独成表。

附件十四　投标人需要说明的其他问题

附件十五　招标文件附图

（根据具体设备的需要提供）

（总）平面布置图

（主）厂房布置图（简图）

系统工艺图

相关设备布置和连接示意图

附件十六　投标人承诺函（格式）（略）

附件十七　投标人法定代表人授权书（格式）（略）

附件十八　投标人关于资格的声明函（格式）（略）

【思考与练习】

1. 何为招标、投标？

2. 招标书要写明的核心内容有哪些？

3. 投标书写作应注意哪些事项？

模块 3　经济活动分析报告（TYBZ03807003）

【模块描述】本模块介绍经济活动分析报告的含义、作用、结构、内容及写作要求。通过经济活动分析报告写作的讲解和体例介绍，掌握经济活动分析报告的写作方法。

【正文】

一、经济活动分析报告的含义

经济活动分析报告是经济管理部门和企业常用的一种专业文书，简称"经济活动分析"，又称"经济活动总评"、"××状况分析"、"××情况说明"等。

二、经济活动分析报告的作用

（1）总结经验，提高管理水平。

（2）了解情况，加强法制，更好地发挥政府职能部门的作用。

（3）掌握规律，预测未来，有助于正确决策。

三、经济活动分析报告的种类

1. 综合经济活动分析报告

一般从经济活动的全局出发，根据主要经济指标和经营管理情况，以某一部门或单位在一定时期内的经济活动作为一个整体进行分析，在全面分析的基础上，着重抓住经营活动中带有关键性、普遍性的问题，从经济效益入手，检查和总结经济活动的全貌和各项经济指标的完成情况。

2. 简要经济活动分析报告

主要围绕几个生产指标、财务指标和其他计划指标，抓住一两个重点问题进行分析，目的在于及时观察和掌握经济活动的发展趋势和工作进展情况。这类报告多在年、半年、季度、月份结合填写报表时进行，故又称定期分析报告。

3. 专题经济活动分析报告

它主要是针对经济活动中某一特定问题进行深入调查和细致的分析研究而写成的书面报告。

四、经济活动分析报告的结构和内容

（一）标题

1. 公文式的标题

这类标题一般由单位名称、时间、分析对象等要素组成，如《××电力公司××季度财务分析报告》、《××公司资金流通计划执行情况分析》等。

2. 非公文式标题

这类标题用得比较多。标题上并不一定都标上"情况分析"、"情况总评"、"……分析"的字样，是否经济活动分析报告，完全由内容决定。如《电力市场呈现三大转变》、《怎样看待我国的地区差距》等。这些标题，从表面上并不一定能看出它是经济活动分析报告，但接触具体内容，就可以看出它的确是经济活动分析报告。

（二）正文

1. 前言

前言部分写法多样：有的是以简洁的语言介绍经济活动的背景，有的说明分析对象的基本情况，有的交代分析的原因和目的，有的明确分析的范围和时间，有的提出问题，有的揭示分析结论，也有许多经济活动分析报告省略了前言部分，开始便直截了当地表述中心内容。

2. 情况

详写经济活动的情况，包括主要经济指标完成情况、技术和管理措施情况、业务工作开展的情况等等。写情况是为了总结经验，揭示问题，为下文的分析作好铺垫。为了把情况写得具体，这部分通常要使用一些各方面的统计数据，以便把情况

说得更加清楚明白。

3. 分析

经济活动分析报告要以"分析"为主，而不能只堆砌材料，罗列事实。缺乏有理有据、深入细致的分析，写作就不能算是成功的。只有分析得当，才能对经济活动作出正确的评价，才能对其成败的原因有所认识，也才有可能把握经济活动的本质和规律。

4. 建议

一般是根据分析的结果，回答今后的经济活动将会"怎么样"或"怎么办"的问题。在不同的经济活动分析报告中，这部分内容的侧重点有所不同。如果报告以说明成绩、总结经验为主，应着重写明推广经验、提高经济效益的途径；如果以揭露问题、总结教训为主，应着重写明解决问题、改进工作的措施；有的报告则着重于对经济活动的前景和趋势作出预测。建议这一部分是经济活动分析报告的精华所在，应特别注意其结构安排和语言表述。

5. 结尾

经济活动分析报告的结尾要视具体情况而定。有的报告可省去结尾这一部分。如果需要有结尾，一般情况下，多是回应标题，提出希望和要求，对全文作一个简略的总结。

（三）落款

落款一般是写明撰写经济活动分析报告的单位名称或作者姓名，加盖印章并标明年、月、日等，有的还需要单位负责人签署。

五、经济活动分析报告的写作要求

（一）掌握科学的分析方法

1. 比较分析法

比较分析法也叫对比分析法。它要求把在同一基础上（时间、内容、项目、条件）可比较的数据资料加以比较，根据比较的结果来研究经济活动的情况和原因。

2. 因素分析法

所谓因素分析法，是把比较法所确定的差异数值作为分析的对象，进一步揭示影响经济活动的若干因素及其影响程度。

3. 动态分析法

动态分析法是以发展的眼光对经济活动的变化情况及其趋势进行研究，就今后的经济活动提出各种设想和措施的分析方法。

4. 比重分析法

比重分析法是计算每部分占总体比重的方法。分析时，可运用构成的百分比法找出主要矛盾、次要矛盾，以便掌握所存在的问题的关键，分清主次，求得问题的解决方法。

5. 综合比算法

这是对多种指标进行综合对比、计算的一种方法。运用这种方法可全面平衡地考虑存在的问题，以及今后应采取的相应措施。

（二）准确、全面地掌握材料

进行经济活动分析，既要充分利用平时积累的各种资料，又要针对问题进行专门的调查，尽量使用第一手资料。在掌握足够资料的基础上，认真核实各项经济指标的完成情况，计算其经济效益。

（三）抓住重点问题进行分析

撰写经济活动分析报告，要选择重点，抓住关键问题做文章。不能面面俱到、主次不分，更不能单纯罗列数据，使报告成为资料汇编。

案例：

××供电所 2003 年二季度经济活动分析报告

一、安全运行分析

二季度，我所继续加强春检安全管理，在线路巡视、故障抢修、设备消缺工作中，加强作业现场安措、反措、控制异常、未遂措施的监督检查，杜绝了习惯性违章。严格执行班前班后会，积极开展事故预想和危险因素分析，对工作中的危险因素做到超前控制，并提出针对性的防范措施，设备安全运行情况良好。同时结合安全会议及文件精神，坚持每周召开安全日活动，学习安全文件及会议精神，提高了职工安全生产意识。

（一）线路运行情况（略）

（1）设备故障：2003 年 4～6 月份，低压台区设备故障率为零。

（2）设备缺陷及处理情况：

1）4 月 21 日：10kV 电子线巡检消缺：红日强磁厂变压器台 B 相开关现场重合处理。

2）4 月 24 日：10kV 电子线春检消缺：① 更换 10kV 电子线巩家堡分支 1 号杆上分路开关；② 砍伐修剪 10kV 电子线李家庄支 12～13 号杆导线下方树枝；③ 紧固李家庄 011 台区配变二次设备线夹。

（二）运行分析

1. 故障分析（略）

2. 缺陷分析（略）

（三）本季所做工作（略）

（四）存在问题（略）

（五）下一步工作重点（略）

二、营销分析

二季度，全所人员加大营销工作力度，进一步加强业扩报装、临时用电的管理，缩短办事程序。大力开展营业普查工作，加大电费回收力度，售电量、电价、电费回收等各项指标都取得了较好成绩。

（一）营销指标完成情况（略）

（二）指标完成情况简析

1. 售电量

（1）我所 2003 年 2 季度低压台区累积完全售电量 124.55 万 kW·h，比去年同期增长 15.85 万 kW·h，增长 14.85%。……（略）

（2）主要原因：

1）业扩报装力求缩短办事程序，增装多供，促使售电量保持稳定的增长趋势。

2）加强了临时用电的管理，有效杜绝售电量的流失，对临时用电报装受理实现"不隔天"制度。

3）本季商业用电量与去年相比增长了 62.99%，主要原因是在 6 月 5 日前对所辖台区分类综合电价到户执行情况进行全面检查，并调整商业用电比例。……（略）

2. 售电收入

4 月份完成 22.28 万元，5 月份完成 18.74 万元，6 月份完成 20.71 万元，二季度累计完成 61.73 万元。本季完成销售收入最高的是 4 月，最低的是 5 月。

主要原因：5、6 月份因非典影响，非普工业用电同比四月份下降 1.14 万元和 1.68 万元，而 5 月份武家庄村 38～40 号 3 个台区未抄表，实施双月抄表核算，造成 5 月份售电收入为本季度最低。

3. 平均电价（略）

4. 电费回收及上缴

今年 2 季度我所台区总应收电费 617 308.26 元，实收电费 617 308.26，电费总回收率完成 100%，电费上缴率完成 100%。

（三）二季度我所在营销方面所做的工作（略）

（四）下季度营销方面需做的工作（略）

（五）全年营销指标预测

1. 市场预测

二季度我所业扩报装完成 49 户 158.45kW,其中:居民生活用电 17 户 12.44kW,

非普工业用电 14 户 102.5kW，商业用电 10 户 14.48kW，非居民生活用电 7 户 4.03kW，农业生产用电 1 户 25kW。非普工业用电将是我所用电的新增长点。

2. 指标预测

（1）售电量：我所上半年完成售电量 269.12 万 kW·h，综合市场预测，我所年售电量将达到 542kW·h。

（2）售电收入：我所上半年完成售电收入 133.53 万元，综合市场预测，我所上半年完成售电收入将达到 269 万元。

（3）平均电价：由以上售电量、售电收入预测，我所全年平均电价将达到 496.32元/MWh。

三、无功电压分析

二季度，我所在狠抓管理降损的同时，坚持把做好电压无功专业工作，作为降低线损、提高供电质量的一项重要措施，在日常工作中予以认真落实。按时对电压监测数据进行统计、分析和上报，严格落实设备巡查责任制，加大对台区用电负荷的监测，及时掌握、分析台区负荷变化情况，确保无功补偿设备投运准确可靠。

（一）设备配置情况（略）

（二）二季度无功电压指标完成情况（略）

（三）2003 年上半年电压无功指标完成情况（略）

（四）二季度所做工作（略）

（五）存在问题（略）

（六）下季度需做工作（略）

四、供电可靠性分析

二季度，我所在狠抓计划停电的同时，坚持把减少临时停电作为减少停电时间、提高供电可靠率的一项重要措施，在日常管理工作中予以认真落实。按照先算后停电的原则，对供电可靠率指标进行测算和分析，对于事故抢修、缺陷处理积极联系发电车，确保对台区的不间断供电。通过上述措施，本季度我所可靠率指标完成较好。

（一）线路基本情况（略）

（二）可靠性指标分析（略）

（三）停电性质分类（略）

（四）停电原因分析（略）

（五）存在的问题及差距（略）

（六）下一步工作安排及提高可靠率所采取的措施

（1）结合本所实际情况，组织所有人员进行可靠性课题分析，把通过可靠性指标计算后的所有线路列表分解。

（2）对重要客户尽可能不停或少停。根据线路运行状况，对线路设备运行较稳定的尽可能列在计划检修之外，降低薄弱线路对可靠性的影响。

（3）做好设备缺陷登记及检修计划，加强计划停电的管理。充分利用 10kV 线路检修停电及变电所检修停电时间进行设备维护和缺陷处理，对影响同一电源线路、同一低压台区的缺陷要进行集中处理。尽量减少停电次数和停电时间。

（4）进行配网、低压、台区施工和检修时，要做好施工方案优化和施工前准备工作，尽量缩短停电时间。

（5）加强故障抢修管理，保证检修工具和检修材料的及时充分供应。

（6）密切关注临时用电，保证临时用电期间的动态负荷。

（7）认真做好客户的技术服务，指导客户提高设备的安全可靠性。

（8）加强线路巡视及客户二次端设备的检查，做到对事故隐患早发现、早处理，将事故消灭在萌芽状态。

（9）加强安全用电的宣传力度，增强全民的安全用电意识。

五、线损分析

本月我所加大了营业普查力度，查处了窃电 3 处，追补电量 300 多千瓦时，同时针对上月低压台区线损分析结果，对低压线损较高的 39 号台区的电能表进行了集中校验，并对其他可能有问题的电能表进行了校验。通过上述措施，本月我所线损完成较好。

（一）指标完成情况

（二）台区线损分析（略）

（三）本月所做的降损工作（略）

（四）下月的降损工作安排（略）

××供电所

2003 年×月×日

【思考与练习】

1. 经济活动分析报告有哪些作用？

2. 经济活动分析报告与一般报告有什么不同？

3. 撰写经济活动分析报告应注意哪些事项？

4. 结合本职工作撰写一份经济活动分析报告。

模块 4 商品说明书（TYBZ03807004）

【**模块描述**】本模块介绍产品说明书的含义、结构和内容。通过产品说明书写作的讲解和体例介绍，掌握产品说明书的写作方法。

【**正文**】

一、产品说明书的含义

产品说明书就是对产品进行介绍和说明的一种应用文，包括产品的外观、性能、参数、使用方法、操作指南、注意事项等。

二、产品说明书的作用

（1）传播知识。说明书详细地阐明产品使用的每一个环节和注意事项，当说明书伴随着产品走向消费者的时候，它所包含的新知识、新技术，也为群众所了解。

（2）指导消费。说明书对商品或服务内容进行客观的介绍、科学的解释，消费者可以了解产品的特性，掌握产品的操作程序，从而实现科学消费。

（3）宣传企业。说明书在介绍产品的同时，也宣传了企业，因而兼有广告宣传的性质。

三、产品说明书的结构和内容

（一）产品说明书的结构

产品说明书一般由标题、正文和产品标记三部分构成。

（二）产品说明书的主要内容

1）产品的主要特点、用途和适用范围。

2）产品型号、规格。

3）主要技术指标、技术参数。

4）产品的结构和工作原理。

5）产品的调整和检验。

6）产品使用和维护。

7）产品开箱、运输和储存。

8）产品的订货须知。

9）附录。

四、撰写产品说明书的注意事项

1）充分考虑用户的阅读需要。

2）体现产品的设计特点。

3）不求面面俱到，应有侧重。

4）语言准确、通俗、简洁，内容条理清楚。

案例：

××剃须刀使用说明书

本说明适用于各类充电式剃须刀。

充电：

将电源插头插入 AC 220V 电源之中，视充电指示灯亮，充电 12～16 小时。注意：充电时间不要过长，以免影响电池寿命。

剃须：

将开关键上推至 on 开启位置，即可剃须。为求最佳之刮须效果，请将皮肤拉紧，使胡子成直立状，然后以逆胡子生长的方向缓慢移动。

修剪刀：

如有修剪刀功能的剃须刀，请在剃须前，先将修剪刀推出，修短胡须后再用网刀剃净。

清洁：

剃须刀要经常清洁。清洁前应先关上开关。旋下网刀，用毛刷将胡须屑刷净。清洁后轻轻放回刀头架且到位。清洁时应轻拿轻放，避免损坏任何部件。

保修条例：

保修服务只限于一般正常使用下有效。一切人为损坏（例如：接入不适当电源，使用不适当配件，不依说明书使用；因运输及其他意外而造成之损坏；非经本公司认可的维修和改造，错误使用或疏忽而造成损坏；不适当之安装等）保修服务立即失效。此保修服务并不包括运输费及维修人员上门服务费。

保修期外享受终身维修，维修仅收元器件成本费。

剃须刀中，内、外刃属消耗品，不在保修范围内。

保修期：正常使用六个月。

注意事项：

充电时间 12～16 小时。

换刀网刀头时一定要选用原厂配件。

【思考与练习】

1. 产品说明书有哪些作用？
2. 撰写产品说明书应注意哪些事项？
3. 给工作中用到的设备或工具撰写一份产品说明书。

第八章 宣传报道应用文

模块 1 消息 （TYBZ03808001）

【模块描述】本模块介绍消息的含义、特点、分类以及消息的结构和写作要求。通过消息写作方法的讲解和体例介绍，熟练掌握消息的写作。

【正文】

新闻有广义和狭义之分。狭义的新闻仅指消息，广义的新闻包括消息和通讯等。消息是最常用的新闻体裁。

一、消息的含义

作为新闻体裁的一种形式，消息是对新近发生的事实迅速及时的简短报道。

二、消息的特点

（1）事实表述。通过叙述事实向受众阐明思想和观点。

（2）内容真实。对新闻事实的叙述、说明、解释符合事实本身的逻辑，引用的材料、数字准确无误。

（3）迅速及时。敏锐发现事件的要点，尽快把握实质，迅速反应。

（4）简明精粹。用简洁的语言讲明事实，要言不烦。

三、消息的分类

（1）动态消息。其特点是迅速及时，篇幅短小，主题集中，一事一报，简洁明快。

（2）经验消息。其功用是报道典型经验、指导性强。

（3）综合消息。是以综合反映全局情况为内容的报道。

（4）评述性消息。依据事实，着眼评论，叙述概括扼要。

四、消息的写作

（一）把握要素

消息构成须六要素：何时（When）、何地（Where）、何人（Who）、何事（What）、何故（Why）、如何（How）。

（二）确定主题

确定消息的主题就是要客观、准确地揭示新闻事实所蕴涵的思想意义。

（三）结构形式与写法

消息一般有五个部分：标题、导语、主体、背景、结尾。最重要的或概括性的内容放在文首，然后具体展开。消息的结构呈"倒金字塔"。

1. 标题

（1）单行标题。以叙事为主，要求简洁明了地反映消息中心内容。如：《×××发电厂推出"分享式"培训模式》。

（2）双行标题。由"引题+主题"，或由"主题+副题"构成。引题又叫肩题或眉题，位于主题的上方，主要用来交代消息产生的背景，说明消息的由来。主题又叫正题，用来揭示消息的主题思想和中心内容。副题又叫次题或子题，位于主题的下方，用来补充说明或解释主题。例如：

"引题+主题"式：（引题）老师随意缺课 学生回家自修 家长困惑——（主题）上课咋也"缺斤少两"（《西安晚报》）；"主题+副题"式：（主题）武汉拟再建 6 条过江隧道——（副题）轨道交通线路网规划获批，2040 年轨道交通线路将增至 540 千米（《长江商报》）。

（3）多行标题。即由"引题+主题+副题"构成，一般用于重要的新闻消息。如：（引题）功在当代，利在千秋——（主题）举世瞩目的三峡工程开工了——（副题）李鹏总理作重要讲话。

2. 导语

概括说明消息的时间、地点、人物、事由、结果等内容，用简洁的文字将消息中最新鲜、最重要的事实反映出来。

3. 主体

承接导语展开叙述，可对所述事实或问题进行评说、议论，但不宜进行过多的描写和论述。

4. 背景

消息经常需要通过背景材料向读者介绍事件发生的历史、原因、环境、条件，使读者能全面地把握消息中所提供的信息。背景材料可单独作为一个段落，也可以穿插在消息的各个部分中。

5. 结尾

结尾是消息最后用来总结全篇、深化主题的简短文字。

案例：

武汉供电公司协助50亿元项目落户武汉

　　本报讯（吴丛珊）　3月20日，武汉市副市长孙亚来到武汉供电公司，专题召开中国建设银行灾备中心项目协调会，以促进该项目的按期开工。

　　中国建设银行灾备中心项目位于武汉市洪山区，总投资50亿元。该项目计划于2011年3月竣工，投产后预计用电负荷达6万千瓦，其中含一级负荷3.2万千瓦。

　　据了解，武汉供电公司已拟出5种供用户选择的供电方案，并承诺将为这一项目的前期基建用电开辟绿色通道，提供可靠的电力保障。（引自2009年3月24日《湖北电力报》）

【思考与练习】

1. 消息的含义和特点是什么？

2. 消息的标题有哪几种形式？

3. 消息的结构呈现出什么样的特点？

模块 2　通讯（TYBZ03808002）

【模块描述】本模块介绍通讯的特点、种类和通讯的写作要求。通过通讯写作方法的讲解和体例介绍，熟练掌握通讯的写作。

【正文】

　　通讯是以叙述、描写为主要表达方式，将具有新闻价值的人物或事件及时、具体、生动地予以报道的新闻体裁。

一、通讯特点

1. 新闻性

通讯与消息同属新闻，新闻性显然是其基本特征。在新闻性中，真实、时效、思想性及典型意义构成了它的不同层面。

2. 生动性

消息在表达上主要是平面的叙述。通讯则不一样，它在报道真实的人和事的过程中，善于再现情景，可以描写、抒情、对话，可以用比喻、象征、拟人等修辞，给人以立体感、现场感，表现出生动、形象的特征。

通讯虽然一般以第三人称叙述为主，但在"见闻"、"采访记"一类的通讯中，也采用第一人称。不过其中的"我"主要起见证人或采访线索的作用，在效果上增加了亲切感。

3. 完整性

消息是对新闻事实的简短报道，通讯则是对新闻人物或事件的深度挖掘，其材料比消息丰富、全面，其容量比消息厚实、充足。通讯要求详尽、具体地报告事件的经过，演绎人物的命运，充分展开情节，表现出完整性的特点。

4. 评论性

通讯常常运用夹叙夹议的方法对人或事件作出直接的评论，表露记者的感情与倾向。

二、通讯种类

1. 人物通讯

人物通讯是以人物的思想、言行、事迹和命运为报道内容的通讯。人物通讯对象的选择取决于其蕴含的新闻价值，一般来说人物必须具有先进性或典型性。在取材上可写"全人全貌"，也可截取片断着重写人物的某个侧面或阶段。

2. 事件通讯

事件通讯是以具有典型意义的事件为报道对象的通讯。事件通讯时效性较强。它围绕中心事件选材，通过较为详尽地展示事件的完整过程并挖掘其意义、揭示其本质，进而反映社会风尚，弘扬时代精神。

3. 工作通讯

工作通讯，通过对各行各业有代表性和典型意义的工作或者活动加以报道，对全局起启发、指导和推动作用。

三、通讯的写作

1. 关于选材与提炼主题

占有材料对通讯写作来说是十分重要的。通讯写作必须通过扎实细致的采访，广泛搜集第一手材料，随后在纷繁的直接材料中剥离出典型材料、背景材料。这些材料不仅要求真实，而且要有意义，具有典型性、指导性。提炼主题要根据"深"和"新"的原则，呼应社会，关注热点，反映时代风尚，宣传党的路线方针，以正确的舆论引导人，以先进的人物激励人，以真实的事件震撼人。通讯写的是真人真事，其主题必须从实际生活中提炼，不能随意"拔高"，更不能虚构夸大，永远不能违背新闻的真实性原则。

2. 关于写人

人物通讯在"非虚构"的原则下应注意以下三点：第一，形神兼备。即不仅要写出人物的行为和事迹，更要展示其精神世界。第二，言行统一。语言和行为传递的是人物的思想，展示的是人物的精神。写好了人物的言与行，无疑是写活了人。第三，画龙点睛。如果说言行、事例、情节勾勒出人物的整体形象为"龙"，那么揭示人物行为意义、指出人物个性特点的评点便是"睛"。"画龙"用的是纪实的叙述、描写，"点睛"则是超脱的议论或抒情。

3. 关于叙事

通讯离不开写事，事件通讯更须完整地叙述事件的起因、场面、相关人员、结果等，以交代事件的复杂性和社会影响度。叙事要注意两点：第一，理清主线，丰满细节。一个新闻事件的发生、发展，有因有果，有人有事，头绪多而关系复杂，作者须理清主线，将事件原貌完整地、动态地、立体地呈现给读者。为实现这一目标，就须选择典型的细节，以生动感人的细节来充分展示主线，使作品丰满而具现场感。第二，时间为经，空间为纬。通讯的事件、故事总发生在一定的时间和空间。组织好时空画面既是一个结构问题也是一个表达方法问题。篇幅不长而情节不太复杂的事件通讯可充分展开矛盾和利用背景材料，使文章变化起伏。容量大而情节复杂的事件通讯常常以时间推进、空间变换等手段来切割事件，构成若干侧面，经过作者精心的组合剪辑，将事件完整而利落地报告于世。

案例：

千军会战救"孤城"
——湖南郴州30天电网抢修大会战纪实

（图片）2月8日，农历大年初一，河南省电力公司援湘抢险员工奋战在郴州工地。（何志强　摄）

地处湘南的郴州，因本次雪灾、更因一次中国电力史上极为撼人心魄的电网抗灾抢修大会战令世人瞩目。

2月13日，记者驱车入郴州，山坡上成片折断的树木犹如被狂风扫过，远处山上依然白雪皑皑。沿途弯折的铁塔和正在抢修的电网员工，时刻提醒着我们这里曾发生的一切！

一度，郴州成为冰雪世界，人不得行，路不能通。

一度，郴州电网脱离湖南电网，全城负荷为零。

一度，郴州被称为电力"孤岛"。

……

郴州电网从1月13日"遇险"到如今"复苏"已有一个月。同样在这一个月里，国家电网公司广大员工奋战在抗冰保供电一线，以气吞山河的豪情，谱写了一曲众志成城的英雄赞歌。

迎战：向着暴风雪来袭的方向

"刚下雪时，我还很兴奋，带着小孩到雪地上玩、拍照，后来……"郴州市民刘晓云告诉记者，她最初看见雪花的欣喜因暴雪灾害转为噩梦。

郴州电业局局长易泽茂心有余悸地说，从 1 月 13 日部分电网出现覆冰现象开始，就预感到不好。他们随即采取了措施，却最终未能抵挡住这数十年罕见的灾害。情况向人们最不愿看到的方向发展。暴雪冰冻不断摧城拔寨，使已为当地人民生产生活效力了几十年的郴州电网遭受重创。

1 月 25 日 16 时 15 分，郴州地方电网供电区域全部停电。

1 月 30 日 22 时 40 分，在付出巨大的抢修代价、甚至电网员工的生命后，郴州最后一条 110 千伏线路终于不堪重负，出现故障，湘中电网与湘南电网解列，当地国家电网供电区域停电。

冰寒袭人，灾情紧急：郴州电网与省网解列，全市大面积停水，人们生活陷入困境。

根据事后统计，持续雨雪冰冻给国家电网郴州供电区域及地方电网设施造成了极为严重的破坏，国家电网郴州供电区域 66 条 110 千伏及以上线路停运。

灾情牵动着党和国家领导人的心。温家宝总理两下湖南，对抗冰救灾作出重要指示。2 月 2 日清晨，温家宝总理在郴州对广大受灾群众说，我们正加紧抢修电网，力争春节前让大家用上电。

国家电网公司坚决贯彻落实党中央、国务院的指示，抢修全面展开。"一定要把郴州作为电网抢建抢修的主攻点，调集力量，力争打通一至两条输电通道，最大限度恢复当地供电。"坐镇湖南抗灾一线的国家电网公司总经理刘振亚提出要求，掷地有声。设在长沙的国家电网抗冰抢险指挥部经过科学分析，迅速制定抢修方案，协调抢修人员和物资。

一队队电网抢修尖兵向湖南集结。每天，数百名来自各省份电力公司的精兵强将昼夜不停赶往灾区；一家家设备制造企业全力生产；一车车塔材源源不断发运湖南……

2 月 3 日上午，刘振亚在长沙再次主持召开专题会议，作出进一步部署：农历大年初一之前，要把恢复郴州电网供电作为标志性工程、转折性工程，竭尽全力，尽快实现郴州城区供电。

一场异乎寻常的电网抢修大会战全面打响。

抗击：一场智慧与韧性的较量

220 千伏东城线，是当地东江电厂的外送主干线路。220 千伏龙塘线，关系到郴州电网与湖南主网连通。这是郴州电网三条"生命线"中的两条。

受灾之初，考虑到大电网主干网架同样受损，特别是湘南地区最大的电厂耒阳电厂外送电力线路受损，抢修队伍首先着手抢修东城线。寒风嘶吼中，坚冰覆盖的铁塔俨然成了冰塔。"几乎是一边抢修，一边发生倒塔。"一位抢修现场负责人说。东城线抢修十分困难。

国家电力调度通信中心一位负责人分析："湖南电网277条220千伏线路有56条出现故障。最严重的是，很多铁塔要反复修，最多的近10次。'座次'就是这次抗灾抢修中的新词。"

在大家为东城线抢修困难重重而犯愁时，转机出现。经过全力抢修，耒阳电厂对外供电线路恢复。在现场指挥的国家电网公司副总经理郑宝森当即要求，加紧抢修东城线的同时，着力打通龙塘线。这为确保农历正月初一前恢复郴州城区通电打下了基础。

2月6日（农历腊月三十）零时25分，龙塘线母线受电，郴州城区供电枢纽220千伏城前岭变电站带电，城区国家电网公司供电区域逐步恢复供电，当夜电网负荷达10万千瓦。郴州市的标志性场所五岭广场亮起璀璨的灯光。

6日晚上，除夕夜，刘振亚一行来到郴州市民家中。他说，我们调集了发电车，做了一些准备，让大家过节用上电。

话语平实，力有千钧。为了实现对群众的承诺，国家电网公司广大员工付出了加倍的艰辛。来自国家电网系统的多支救援队伍衣不解带，车不停步，日夜兼程。数天里，来自各地的应急发电车超过300台。郴州市自来水公司等重点单位"起死回生"。

"什么？28小时跑了1900千米？"听说天津市电力公司的应急发电车用28小时由津赴湘，很多人感叹不已。这就是"国家电网速度"。

郴州资兴市立医院是当地最大的医院，须臾不可断电。应急供电车的到来解了医院的燃眉之急。院长陈克中激动地说："手术病人有时半夜就来了，是发电车帮了大忙。"

2月7日，农历大年初一，郴州市民用鞭炮、烟花庆祝光明和温暖的归来。至此，郴州电网保卫战初战告捷。

争胜：奏响众志成城同心曲

"郴州地区全国瞩目，郴州电网一定要尽快修好，尤其是电气化铁路的供电，务必在2月16日之前抢修好。"紧扣在电网抢修职工心上的弦，松了又紧。2月7日，大年初一，刘振亚再作部署。

郴州电网很快进入恢复重建阶段。确保郴州电网双电源供电，打通电铁大动脉成为当务之急！

220 千伏东城线，是三条输电"生命线"之一，它的修复进展仍备受关注。

一月底，湖南省送变电建设公司总经理向元桢接到郴州电网抢修任务，看着电网接线图，不知说什么好——图上一条实线也没有，全是虚线。这代表郴州电网运行已基本全停。面对前所未有的困难，他说："招之即来，来之则战，战之能胜，是我们的传统。"

铁塔和线路上的覆冰很厚，极易引发倒塔，必须实施人工除冰。2 月 9 日，电网员工张恒武在除冰时食指被冰凌割伤。当时他浑然不觉，直到流的血结了冰才被别人先发现。缝了三针后，他仍然坚持回到工地。

由于铁塔倒塌损毁太多，急需塔材和人手，国家电网公司的集团化优势再一次得以展现。总计上万人的支援队伍从 10 余个省份奔向郴州。山西、河南等省省委、省政府领导亲自为电网抢修申请车皮，保障运输……一场万人大会战在湘南大地展开。

"我们有 3400 名员工，外地支援郴州的电网员工已达 10 410 人，力量壮大了。"2 月 13 日，易泽茂告诉记者。

2 月 11 日 18 时 30 分，220 千伏东城线比原计划提前两天疏通。郴州电网供电可靠性明显提高。

兵马未动，粮草先行。物资供应及时与否，事关抢险救灾成败。湖南省电力公司副总经理黄强说，在国家电网公司统一调配下，供给郴州的塔材、导线、金具等物资十分充足。郴州两个中转站 24 小时向各抢修点发货，一刻不停。

京广铁路郴州段牵引站已恢复供电。2 月 13 日下午，记者在 110 千伏黄大线 29 号和 30 号杆处看到，电气列车不时呼啸而过。黄大线是向白石渡电气化铁路牵引变电站送电的重要线路，横跨京广铁路，它的 82 基杆塔曾倒掉一半。

郴州，是冰天雪地中的热土；责任，有时要用生命来诠释。1 月 28、29 日，郴州电业局员工曹响林和嘉禾县供电公司员工肖建华先后殉职。更多的电网员工在抢险过程中受伤或因劳累致病。

记者在山间采访，途经 110 千伏城箕二回 50 号塔位，正碰到郴州市抗冰救灾文艺演出团在慰问演出。"泥巴裹满裤腿，汗水湿透衣背，我不知道你是谁，我却知道你为了谁……"一曲《为了谁》在山间飞扬，荡气回肠。（引自 2008 年 2 月 15 日《国家电网报》，作者姚雷 曾伟 陈齐鸣）

【思考与练习】

1. 通讯的含义和特点是什么？试比较通讯和消息的异同点。

2. 通讯一般划分为几种类型？各有什么特点？

3. 试从报刊上选择一篇通讯，分别从情节、细节、结构、层次和表现角度等方面，分析文章的写作方法和特色。

模块 3　简报（TYBZ03808003）

【模块描述】本模块介绍简报的概念、作用、分类和结构。通过简报体例的介绍，了解掌握简报的写作知识。

【正文】

一、简报的概念

简报是党政机关、人民团体、企事业单位内部用于汇报工作、反映问题、沟通情况、指导工作、交流经验、传递信息的一种简短的有一定新闻性质的应用文书。

二、简报的作用

（1）汇报工作，便于领导机关掌握情况、指导工作。上级机关借助简报获取信息后，根据实际情况，有问题的给予帮助解决，有经验、典型的，给予表彰推广。

（2）通报上级情况，传达有关指示，起到上通下联、推动工作的作用。

（3）促进单位之间的交流。简报除了上送下发外，还可送发兄弟单位和相关单位。通过简报，单位之间可以交换情况、互通信息、交流经验、取长补短。

三、简报的分类

1. 综合简报

也称情况简报。它报道的内容主要是本部门、本系统管辖范围内发生的重大问题、事件及其处理，工作中的重要情况，两个文明建设中出现的新人、新事、新气象、新动态，工作中的新经验、新办法等。这种简报一般是连续不断地编发，或定期或不定期，以指导、推动本部门、本系统的工作。

2. 专题简报

将某项专门工作的动态、进展、经验、问题等向上级部门汇报，或向有关部门通报情况，或下发所属基层单位借以推动工作。这种简报报道的事件集中，都是围绕某一项专门工作或中心工作来编写。

3. 会议简报

这是专门报送、交流有关重要会议内容、筹备和进展情况，反映与会者意见和建议的简报。如全国人民代表大会、全国政协会议等各种重要的专门会议都要编发会议简报。会议简报分为综合简报和进程简报两种。前者是整个会议编一期简报，在会议后期发送；后者是编发多期简报。一般重大的、时间较长的会议都发进程简报，即每个小阶段编发一期，有时天天编发，以供与会者阅读，互通情报，交流思想经验，把会开好。

四、简报的结构

简报的版面编排格式由报头、正文、报尾三部分组成。

1. 报头

报头一般占首页三分之一的上方版面，用间隔红线与正文部分隔开，报头内容有：

报名："××简报"、"××××简讯"，一般用大字套红，醒目大方。

期数：排在报名的正下方，连续出的还要注明总期数，用括号括入。

编号：排在报头右侧的上方位置。

编发单位：排在横隔线的左上方位置。

印发日期：在横隔线的右上方位置。

密级：如："机密"、"绝密"、"内部刊物"等排在报头左侧上方位置。

2. 正文

就是选刊的文章部分。编排原则是：① 各篇文章要围绕一个中心，从不同角度反映某一个问题；② 最突出中心的文章排在前头；③ 每篇文章疏密间隔要恰当，标题字号大小要一样。

3. 报尾

在末页的下方，用两条平行线框住，左侧写报、送、发单位的名称或个人姓名、职务，右侧写本期印发份数。

五、简报的写作要求

（1）要突出简、短、新、快的特点，力求做到篇幅短小，文字简洁，编写迅速，传播快捷。

（2）情况和事实是简报的主要内容，要在保证情况可靠、事实准确的前提下，重点突出主要情况和重要事实，力求详略得当，主次分明，叙述清楚。

（3）在叙事的基础上适当加以说明和评论。简报一般以客观报道为主，但为了吸引读者，往往辅之以说明和评论，表达作者的观点和意见。通常采用先叙后议或夹叙夹议的方法。

案例：专题简报（报头报尾格式略）

电力行业安全生产百日督查专项行动简报

六月份上半月，福建省电力行业安全生产百日督查专项行动的各项工作稳步、扎实、有序推进，取得良好的成效。各单位各部门在按原定计划开展工作的同时，及时总结经验，推广好的做法，再动员，再部署，再行动，呈现出蓬勃开展、积极有为的良好态势。

一、福州电监办开展工作情况

（一）组织召开例会

6月13日，福州电监办组织召开福建省电力行业安全生产百日督查专项行动领导小组办公室第二次例会。会议着重汇报了各单位各部门组建督查专家组深入一线开展现场检查的情况，对现场督查中好的经验和做法、存在的问题和不足进行了深入的交流和总结，致力于共同做好福建电力行业的安全生产工作，为福建电力的平稳运行保驾护航。

（二）做好信息宣传

福州电监办指派专人负责信息的编辑和报送工作。现已在福州电监办的门户网站上刊登相关的信息共30条，编发福建省电力行业安全生产百日督查专项行动工作简报和工作简讯各3期，全面报道福建电力行业开展安全生产百日督查专项行动的阶段性进展和成效。

（三）开展"安全生产月"宣传咨询日活动

福州电监办组织有关电力企业联合开展"治理隐患、防范事故"为主题的"安全生产月"宣传咨询日活动。共发放《停电应急知识手册》、《电力设施保护条例》等各类宣传材料数千份，接受咨询数百人次，参与有奖问答群众千余名，免费派发印有安全知识的纪念品千余件。活动当天，福州电监办领导亲临活动现场检查指导宣传活动开展情况，并亲自派发宣传材料，认真讲解安全用电等相关知识，吸引大批现场群众驻足参与有奖问答活动，掀起了本次"安全生产月"宣传咨询日活动的高潮。

二、福建电力企业开展工作的情况

福建省电力公司"多管齐下"开展安全生产百日督查专项行动。一是组织施工机械专项整治首次复查。6月3日至5日，安监部组织施工机械专项整治复查组，对宁德福安220kV韩阳变、宁德霞浦220kV树兜变、大唐宁德电厂项目工地进行了检查，要求完善施工机械的现场安全管理规程。二是强化生产一线现场管理的督查。5月30日至6月4日，安全生产督查组对福州超高压局500kV莆田变，宁德电业局，福清、仙游、福安、霞浦、福鼎供电公司等单位进行了安全督查。督查组反馈了57个问题，发出《现场安全检查整改通知书》7份。三是细化重要客户隐患治理实施方案。印发《关于对重要客户开展供用电安全隐患治理的实施方案》，对隐患排查、隐患梳理、隐患治理三步骤提出细化工作要求。四是推进配电现场标准化作业。结合配电GIS配网标准作业管理模块的验收部署，落实各单位配电标准化作业应用流程的分工，规范现场作业程序和人员行为，保证人身安全和作业质量。五是开展"奥运保电"信息安全检查。6月2日至10日期间，组织了四个信息安全检查组，对九大电业局、两个超高压局、5个直管县电力公司、水口发电公司、部分县电力公司等单位的奥运保电信息安全工作进行检查，确保公司信息系统安全稳定运行和信息内容安全。六是强化员工安全技能培训。6月份上半月组织开展各类技能培训班共计9期，269人参加。七是组织开展"安全生产宣传咨询日"活动，主要宣传安全发展的理念、电力设施保护和安全用电、科学用电、停电应急处置的政策和知识。

华电福建公司根据福州电监办专项行动重点单位督查安排，制定了公司6月份"飞行"检查计划，先后深入可门电厂、湄洲湾火电厂、安砂水电厂、贡川水电公司、闽东水电公司、永安发电公司、白沙水电厂、万安溪水电有限公司、棉花滩水电厂、南靖水电厂等一线企业进行安全生产督查，重点检查安全例行工作开展情况，"两票三制"执行情况，防汛及二十五项反措检查整改情况，化学危险品管理、隐患排查治理、无违章创建工作等。督查组通过查阅资料、现场检查、询问现场人员等方式，对上述企业的安全生产百日督查开展情况进行了认真的督查，使得安全生产从严管理的长效机制不断得到夯实。根据当前迎峰度夏和防台防汛的形势需要，湄洲湾电厂加强自查应急管理现状，完善应急管理机制，规范应急管理工作，切实提高整体综合应急能力。福建华电永安发电有限公司对安全生产百日督查专项行动进行再动员、再部署，要求基层各单位、班组认真落实反措检查及安全专项检查整改工作，提高设备健康水平。

福建省煤炭集团公司通过开展丰富多彩"安全生产月"活动来推动安全生产百日督查专项行动。6月2~8日，集团公司组织"安全生产月"活动演讲团，对所属龙岩发电公司、安溪煤矸石发电公司、石狮热电公司、晋江热电公司、晋江天然气发电公司、石狮鸿山热电公司和莆田风电公司等7家控股电力企业，进行以"治理隐患，防范事故"为主题的安全生产巡回演讲，共有826名管理人员和生产（基建）一线员工听取演讲，使电力企业员工受到了一次深刻的安全警示教育。集团公司还将通过深入开展"安全生产月"的其他系列活动，如安全签名、主题大讨论、安全征文、安全生产知识有奖竞赛和安全生产管理人员岗位技能竞赛等，积极营造浓厚的安全生产氛围，进一步促进了安全生产百日督查专项行动深入地开展，达到以月促年，实现全年安全生产的效果。

总的来看，六月份上半月各单位各部门开展的督查工作亮点频出，成效突显，为福建省电力行业安全生产百日督查专项行动的顺利进展打下了很好的基础。下一阶段，各单位各部门将一如既往高要求高水准地抓好安全生产百日督查专项行动，为迎峰度夏和奥运期间的安全稳定供电创造一个良好的氛围。

三、现场督查发现的问题及各单位信息报送情况通报

从现场督查反馈的结果来看，主要存在以下几个共性问题：一是安全管理的基础还不够扎实，个别违章现象仍存在；二是自查工作开展较为积极，但对于发现的隐患未及时进行总结分析；三是应急预案体系较为完善，但缺乏有针对性的培训和演练。

《福建省电力行业安全生产百日督查专项行动方案》明确规定：在专项行动期间，省电力安委会各企业成员单位和督查重点电力企业应于每月2日、16日前向省电力安委会办公室报告本单位工作进展情况。华电后石、华能福州、嵩屿、南埔、大唐宁德、江阴、福建省亿创电力工程总公司、厦门电力工程建设总公司、泉州市德化源益电力工程公司等单位均未按相关规定及时提交半月报，特予以通报批评。

【思考与练习】

1. 简报的作用有哪些？
2. 简报怎样编排版面格式？
3. 简报的写作要求是什么？

模块 4 关于新闻采访（TYBZ03808004）

【模块描述】本模块介绍新闻采访的程序及其具体要求，并通过新闻采访方法的讲解，提高采访的能力。

【正文】

一、采访前的准备

新闻采访前有时要做一些准备工作：研究分析资料，拟写采访提纲。

背景资料的收集和研究成为深度报道采访前期工作中耗费大量精力的地方。新闻事件的背景大致包括补充性的历史资料、展示事物间相互关系的资料、提供人物必要经历的资料、数据性的事实等。收集并分析这些背景材料，对报道的全过程有深远的推动作用，包括获得采访机会、迅速进入采访角色和取得采访对象的信任。同时，通过对社会现实状态和发展变化的研究分析，找准受众普遍关注的热点、难点问题。能否准确、敏锐、富有远见地选择报道题材，直接关系到深度报道的成功与否。

采访提纲能够帮助写作者坚定信心，临阵不乱，掌握采访的主动权，使采访得到完善的结果。

二、采访

采访是一场生动活泼而富于思想的交谈，具体的提问技巧包括：

（1）抓住核心问题，开门见山，切中要害。这种方法是一开始就提出硬性的、紧扣主题的问题，然后扩展为比较笼统的问题。它适用于采访那些善于言词、敏于思考、感觉自信的对象。开门见山会让对方觉得你坦率，有效率，切中要害可以使对方觉得你懂行，值得交谈。

（2）由浅入深，追问问题，发掘未知的细节。深度报道的提问有许多尖锐的问题，有时难免让记者碰壁。采访对象要么拘谨不安，支支吾吾，谈不到要害；要么有心拒绝，闪烁其词，加以敷衍。这就要求记者具备追问的毅力和技巧。可以先用一些宽泛的话题缓解气氛，逐渐引入正题；或旁敲侧击，追本溯源，引出未知的细节。

（3）以诱导性的提问，引出生动活泼、论点鲜明的谈话。记者需要掌握好谈话的时机，运用语气、声调或措辞来引诱对方作肯定性回答。诱导性提问会产生什么样的结果，取决于记者和采访对象之间建立融洽关系的程度。因为诱导性提问容易使谈话达到互不相让的地步，但只要融洽关系得以保持，便可能引出意想不到的真话。

（4）适度的沉默。沉默也是深度报道采访提问中的一个重要技巧，因为深度报道的提问多是要点性、针对性、独家类的提问，需要给采访对象留出思考和阐述问题的时间。聪明的记者一般不会打断采访对象的话，因为这样可能得到直接询问得不到的情况。故意地不露声色，有时同样有效。要善于观察与倾听，捕捉采访问答中所不能显现的事实。

三、采访后对材料的整理

采访后整理主要是对采访笔录（包括音像）的整理、分类、归纳和分析、研究。

【思考与练习】

1. 采访前应做哪些必要的准备？
2. 采访有哪些技巧？

第九章　其他常用应用文

模块 1　其他常用应用文（TYBZ03809001）

【模块描述】本模块介绍海报、申请书、请柬、介绍信、证明信、慰问信、贺词、演讲稿的含义、特点和写作要领。通过这些常用应用文基本知识的讲解，掌握它们的写法。

【正文】

一、海报

海报是向公众传播信息的招贴文告，也可在传媒上刊登和播放。

海报的种类有娱乐类海报、学术类海报和商务性活动海报。娱乐类海报用来公布文体、影剧等娱乐的名称、时间、地点及内容；学术类海报则发布学术性活动的内容、时间、地点和演讲人等；商务活动类海报则告知展览、展销、酬宾等的时间、地点等。

海报一般由标题、正文和落款三部分组成。

海报的正文要求写清以下内容：简述举办活动的缘由、目的和意义；交代活动的主要项目、参与者、时间、地点等；说明参加活动的具体方法及一些必要的注意事项；表示欢迎公众参与或光临。

写作海报要注意内容真实，文字简约，形式美观醒目。

二、申请书

申请书是下级单位向上级单位、个人向组织提出请求时所用的一种文体。它的使用极为广泛，如加入党团组织、参军、转学、调动、开业等，均可以申请书的形式，向上级提出，并请求予以批准。

申请书的结构一般由标题、称呼、正文、结尾、落款等部分组成。

标题。可以笼统写上"申请书"三个字，也可以在"申请书"前加上事由。

称呼。在标题下一行顶格写接收申请书的单位或领导人的名字，后面加冒号，引起下文。

正文。这是申请书的主体部分，应写清申请事项、申请理由以及自己的态度等。

要求理由充分，事项具体，内容清楚，态度恳切。

结尾。正文结束后，另起一行写"请领导批准我的申请"、"敬请核准"之类的话，并在下面写上祝颂辞。

落款。即写上申请单位的名称或申请人的姓名以及日期。

三、请柬

请柬又称请帖、柬帖，是邀请某单位或个人前来参加比较隆重的典礼、会议或某种有意义的活动的一种专用书信。它既可以起到庄重通知、盛情邀请的作用，也可作入场或报到的凭证。

请柬一般由标题、称谓、正文、结语和落款等部分组成。

标题。在第一行正中写"请柬"二字。

称谓。在第二行顶格处写被邀请的单位名称或个人的姓名。

正文。在称谓下一行空两格开始写，主要交代活动的时间、地点和内容。

结语。最后用"敬请光临指导"、"敬请莅临"等祈愿语、祝颂语作结。

落款。在结尾右下方署上邀请单位、组织的名称或个人的姓名，署名下一行写上日期。

写作请柬语言应简明、热情。书写应工整、美观。

四、介绍信

介绍信是机关、团体和企事业单位为了联系工作、商洽业务、交流情况和参加会议等，为本单位人员外出所开具的一种专用书信。

介绍信不仅起联系沟通的作用，而且有证明身份的作用。

1. 公文纸书写的介绍信

由标题、开头、正文、落款和附注等部分组成。

标题。在第一行居中写"介绍信"三个字。

开头。顶格书写收信单位的名称或个人的姓名，后面加冒号。

正文。另起一行空两格写介绍信的内容：首先说明持介绍信人的姓名、年龄、职务、政治面貌等，其次写明接洽的事物及对收信者的要求，最后写表示祝愿和敬意的话。

落款。在结尾下一行的偏右方写上单位的名称并加盖公章。署名下一行写日期。

附注。说明介绍信的有效期。

2. 印刷成文的介绍信

由存根、间缝和正文三部分组成。

五、证明信

证明信是以机关、团体和个人的名义，证明某人的身份与经历或有关事件的真实情况的专用书信。证明信的内容应绝对真实可靠。

证明信的结构包括标题、称谓、正文、署名和日期等部分。

标题。在第一行居中写"证明信"三个字。

称谓。顶格写需要证明的单位名称或个人的姓名，后面加冒号。

正文。在称谓下另起一行空两格写。证明历史问题，要写清人名、时间、地点及所经历的事情。证明事件，要写清事件的发生、发展和因果等。最后紧接正文或另起一行空两格写"特此证明"结束全文。

署名。在末行右下方写证明单位的名称或个人签名，单位证明要加盖公章。

日期。在署名下方写上年月日。

证明信的语言要简明扼要，表达准确，若有涂改应加盖公章。

六、慰问信

慰问信是行政机关、社会团体、企事业单位或个人对工作中作出巨大贡献、取得优异成绩或遭遇天灾人祸、蒙受重大损失的集体或个人表示安慰、问候、关切和鼓励的专用文体。

慰问信通常由标题、称呼、正文、结尾和落款等部分组成。

标题。慰问信的标题通常有以下三种方式：一是单独由文种名称组成，二是由慰问对象和文种名称共同组成，三是由慰问双方和文种名称共同组成。

称呼。慰问信的开头要顶格写上受文者的名称或姓名、称呼，后加冒号。

正文。即慰问的内容，要另起一行空两格书写。慰问信的内容一般由发文目的、慰问缘由和慰问事项构成。发文目的或缘由要开宗明义，直截了当地概括说明。慰问事项或叙述对方的先进事迹和思想，赞扬其可贵品质和高尚风格；或简要叙述对方所遭受的困难和损失，表达发信方的关切和慰问之情。

结尾。结尾在正文之后另起一行空两格写。既可表达共同的愿望和决心，也可表达对对方的勉励和祝愿。

落款。署上发文单位或个人的名称、姓名，并在署名的右下方写上成文日期。

七、贺词

贺词是对受贺者取得胜利、成绩或遭逢节日、寿辰等喜庆之事表示祝贺的言辞。其表现形式有贺信、贺电、贺文等。贺词是一种常用的社交应酬类礼仪文书，在现实生活中使用广泛，不仅具有沟通感情、密切关系的功能，而且还给予对方以激励和鼓舞。

贺词的文体结构由标题、称谓、正文、结尾和落款等部分组成。

标题。通常由祝贺者、被贺者和文种三部分构成。

称谓。即接受单位的名称和个人的姓名、称呼。

祝贺事由。写明需要祝贺的事项、缘由和意义。有时还可以表示希望与要求、态度与决心等。最后以"特此祝贺"、"预祝圆满成功"等祝颂语结束。

落款。署上单位名称或个人的姓名以及时间。

贺词要感情真挚、热烈，语言要庄重典雅，富有文采。

八、演讲稿

演讲稿是供演讲者发表口头演讲的文稿。演讲借助有声语言和态势语言，对受众发表意见和情感，从而感召受众。演讲稿则是这种传播活动的信息载体和媒介。

演讲稿由标题、称呼、开头、主体、结尾等部分组成。

标题。标题应揭示主题，吸引听众。

称呼。在标题之下写对听众的称呼，要切合听众的身份和特征。

开头。开头应有吸引力。其方式有：开门见山式，第一句话就接触主题，将演讲者的意图和盘托出；抒情式，突出表现演讲者的情感和文采；提问式，或自问自答，或自问不答，设疑吸引听众在下文寻找答案；表态式，突出表明演讲者的态度，顺势将演讲主要内容点出。

主体。演讲稿的主体要承接开头部分所提出的观点展开阐述。总体的要求是论据要充足，论证要带有雄辩性。为了做到条理清晰，这部分的内容可分成条块式，但不要分得太细。安排主体结构时，可采用纵向结构，即以事物的发展规律由近及远或由远及近；也可采用横向结构，即总论点与分论点结合。撰写主体要注意：① 引用事例。演讲要以理服人，以情动人，离不开生动典型的事例。引用事例必须精选，使其有代表性，并注意选用的事例正反互补，时间上远近相交；同时要尽量新颖生动，力求给听众耳目一新的感觉。② 讲究语言艺术。演讲语句要连贯流畅，符合口语习惯。

结尾。演讲稿的结尾要简洁有力，既是演讲内容的自然收束，又给人以思索回味的余地。

【思考与练习】

1. 解释下列文种的含义：

海报　申请书　贺词　慰问信　介绍信　证明信

2. 请说明演讲稿主体部分的写作要求。

第十章 初稿的修改

模块1 初稿的修改（TYBZ03810001）

【模块描述】 本模块介绍初稿修改的意义、范围和方法。通过对初稿修改方法的讲解及体例介绍，培养修改应用文初稿的能力。

【正文】

一、修改的意义

修改是为了更恰当地反映客观事物。修改文章是作者对社会负责、对读者负责的表现。

二、修改的范围和方法

文章修改有广义和狭义两种理解。广义的理解包括写作过程中每一个环节的修改，狭义的理解专指草稿完成之后的加工修改。不管是狭义的理解还是广义的理解，文章修改的范围一般都包括：主题的修改、材料的修改、结构的修改、语言的修改等。

1. 修改主题

修改文章，首先要考虑文章的主题和观点是否正确，认识是否深刻，文章是否有新意。

如果中心论点把握不准确，不能把最典型、最具本质意义的思想和规律揭示出来，或者有某种失误和偏颇，就要动"大手术"，进行一次大改写甚至重写；如果文章中的论点落后于形势的发展，缺乏新意，就要重新构思和概括，或改变论证角度，进一步挖掘和提高。

2. 修改材料

主要指对文章引用的材料增加、删节或调整。

材料是文章中的"血肉"，是证明观点的论据，是论点成立的依托，因而对选用材料的基本要求是：一是必要，即选用说明观点的材料是必需的；二是真实，即所用的材料必须符合实际，准确可靠；三是合适，即材料引用要恰当，不多不少，恰到好处。在修改文章中，要看引用的材料是否确凿有力，是否有出处，是否能相互配合说明论点，是否发挥了论证的力量，是否合乎逻辑，是否具有说服力。要把不足的材料补足，把空泛的陈旧的平淡的材料加以调换，把不实的材料和与主题无关的材料坚决删除。

3. 修改结构

结构是文章表现形式的重要因素，是论文内容的组织安排。结构的好坏，直接关系着论文内容的表达效果。结构的调整和校正，关系着全文的布局和安排。调整结构，要求理顺思想，检查文章中心是否突出，层次是否清楚，段落划分是否合适，开头、结尾、过渡照应如何，全文是否构成一个完整的严密的整体。调整的原则和要求是要有利于突出中心论点，服务于表现中心论点。

4. 修改语言

语言是表达思想的工具，要使文章写得准确、简洁、生动，就不能不在语言运用上反复推敲修改。文章语言的修改，主要是在三方面下工夫：一是表达清楚而简练。要用最少的文字说明尽可能多的问题。二是文字表达的准确性。要把似是而非的话改为准确的文字。三是语言的可读性。要把平淡的改为鲜明，拗口的改为流畅，刻板的改为生动，隐晦的改为明快，含混、笼统的改为清晰、具体。

三、定稿

经过认真修改后就可定稿。

【思考与练习】

1. 文章修改的重要性是什么？
2. 文章修改主要是哪些方面的修改？

模块 2　初稿修改实例评析（TYBZ03811001）

【模块描述】本模块为一篇应用文初稿修改实例评析。通过剖析应用文初稿修改实例，掌握应用文初稿修改的基本方法及程序。

【正文】

局变电检修处保护班创争活动纪实
（"创争"，缩略语应加双引号）

局变电检修处保护班担负着局 35kV 及以上变电站的保护及二次回路运行维护、部分变电站的更新改造扩建、地区各大用户委托的保护检验及二次设备故障处理等工作。在 24 人的集体中，除三名大专院校毕业学生外，有 7 人通过自学取得了大专以上学历，有 6 人正在自学。（删除，对照后文，不必如此强调。）

"创争"活动开展以来，保护班以最快的速度把创争（"创争"）工作紧密地与班组建设相结合，把"五项修炼"溶汇贯通（融会贯通）于各项基础工作中，走出了一条自己的"创争"之路。2006 年 11 月荣获西北电力系统"学习型优秀班组"称号，班长吴亚军被省公司评为劳动模范（被评为省公司劳动模范）。

一、改善心智模式，确定"创争"目标

"创争"活动开展初期，全班人员认真开展讨论，对于保护班这样一个连年先进、自我感觉良好的班组。（，）要不要开展"创争"活动，（？）是主动积极开展，还是等待上级安排布置？

大家从改善心智模式入手，"把镜子转向自己"，反思找差。经过学习大家认识到"自我感觉良好"是不思进取的心智模式在作怪，它使人的观念陈旧，心态消极，是隐藏在暗处的顽石，阻碍着集体的先进。通过深刻反思，大家还进一步认识到"学习的需求就是要认清自己的落后"，"只有诚心想办的事情才能办成"。观念转变了，积极心态建立了，大家交换思想，统一认识，确定了"创争"工作目标，摒弃了"创争"工作等上级布置安排的消极观点，澄清了一提到"五项修炼"就与所谓"练功"挂钩的糊涂认识，（删除，"五项修炼"前未提及，"练功"也语意不详）以极大的热情投入到"创争"工作中去。

大家积极接受培训师培训，认真自学《员工培训教程》和填写《考核手册》，在检修处领导和分工会的大力支持下，保护班的"五项修炼"及学习和管理理念展板上墙，建立了图书柜，购买了《学习型人生》等 20 多种图书，从网上下载了"创争"方面的学习资料，建立了"创争"活动专项资料夹，＿＿＿＿＿＿＿（语句不完整，可加：整理汇集了）"班组概况"、"活动记录"、"愿景汇编"、"职业生涯设计规划"、"培训课件"、"荣誉录"、"文件汇编"、"知识共享"、"经验交流"等 15 项内容，使"创争"活动逐步进入标准化和程序化进程。

二、加强团队学习，完成生产任务

保护班敢打硬仗，善打硬仗，团队精神强，是出了名的。他们首先从提高个人学习力入手，充分调动每个人的积极性和创造性，确信"每个人都能成才"，每个人都是最棒的。他们有的钻研计算机技术，成为"综自站"后台机的"高手"；有的动手能力强，成为二次安装配线的"快枪手"；有的对机加工工艺掌握全面，成为名符其名的"小炉匠"；有的对装置原理学习透彻，成为调试"大拿"等。（应有所归纳，可加：这都为团队学习创造了有利的条件，打下了坚实的基础。）

他们制定了《2006 年学习目标及实施计划》，坚持每天自学，并把学习的理念进行拓展，使大家都认识到"学习就在身边，学习就在工作中"，提高了安全和技术水平，创造性地完成企业的各项目标任务。

他们抓住了知识共享这个前提，自编了《知识共享读本》，涵盖保护班"安全生产"、"运行维护"、"故障排除"、"安装工艺"等方面的教材。经常利用现场工作的机会进行传帮带，使老师傅的现场工作技能和经验在年轻同志身上得以传授；利用现场典型工作，进行"解剖麻雀"式讲解，使个人的独到见解变为大家的知识财富；利用每月一题进行专项技术讲课，解决某一时期的二次回路共性问题；利用每一次的故障排除和消缺汇报，使大家的经验得以交流……

他们在团队学习中应用深度会谈的方法，为了一个过渡方案的制订而群策群力，"想办法"，"出点子"。有时为了对一项工作采取哪种方法更合适，争论的（得）面红耳赤，（。）大家都用"空杯"的心态去学习，在班组营造了大家讲真话、说实话、民主和谐的氛围。同时大力倡导感恩理念，适时进行感恩管理、善念管理、包容管理和快乐工作，正确理解"超越自我、超越他人，支持他人超越"的观念，使每次超越都给班组和个人带来了新的变化。

三、建立共同愿景，实现共同追求

继电保护属于系统运行____（工作）第一线，有着大量的管理工作要做，（删除）如何体现保护人员的责任心和执行力？如何挑战极限、自我超越？保护人（承前可省略）共同的心声是什么？共同追求___（是）什么？在实现什么目标下凝聚力量？保护班在个人愿景和职业生涯设计规化（规划）基础上，进行全员大讨论，（再）经过整合、提炼，建立了继电保护班的共同愿景：（,）"一个百分之百、四个零"（移至"的共同愿景"前）即：保护正确动作率百分之百；零违章、零缺陷、零投诉、零事故。

"保护正确动作率百分之百"是继电保护班人员责任心的具体体现。他们就是要"跳起来摘桃子"，把"不可能"变为现实。这是责任感和使命感的驱使，是全员、全身心投入的结果。

在"零违章"活动中，保护班在安监部门下发的几百条现场人员的严重违章典型示例中，摘编出针对保护专业的典型示例 49 条，并结合现场工作特点和工作进程，归纳为"工作票"、"工作开始前"、"工作中"、"高压设备工作"、"高处作业及低处作业"、"低压二次带电工作"、"SF_6 设备上的工作"，"运输及起重"和"一般违章行为"等 9 种类型，进行整理打印，人手一册，使现场反违章活动更有针对性，也使人员现场违章情况得到了有效控制。

在"零缺陷"活动中，保护班结合"保护安全年活动"，完善了"专责站管理手册"。在检验工作中，注重对关键部位的检查；在二次设备安装工作中，注重对整体回路的检查。努力使设备在无缺陷下运行，在"零缺陷"中移交。

在"零投诉"活动中，保护班从优质服务活动入手，认真学习落实"三个十条"，制定了"保护班优质服务及质量活动措施"，建立了"优质服务活动"专项记录。

圆满完成了交警支队高压配电室故障调查及方案制订、东雷抽黄主变控制电缆故障调查及处理、富平钢厂 110kV 主变差动保护误动调查及采取应急措施处理、110kV 龙门变午夜紧急消缺等多项工作，多次得到用户及职能部门的好评。

在"零事故"活动中，他们分类保管各种安全文件和保护专业文件，并装订成册，便于查找和学习。建立了各类专项活动记录，认真安排布置"安全主题活动日"的活动内容，学习讨论不走过场。建立了保护班"安全质量台账"，对于本班发生的不安全现像（现象）、设备异常等进行专题分析，制定改进措施，有效地提升了班组的反事故能力。

在共同愿景的感召下，全员学习力和自觉性进一步提高，每人坚持记学习笔记，进行技术问答，每月开展一期技术讲课，进行安全培训和青工的技术培训，结合现场装置、设备及二次回路进行技术讲解，并对运行人员进行现场指导，互帮互学蔚然成风。

（结尾应对前文有所归纳，可加：

"创争"活动给予了保护班组一个无限的学习和创新空间，随着"创争"活动的不断深入，保护班这个企业的细胞会更具有活力，企业的各项目标任务也会更顺利地完成。）

点评：

1. 主题：立意缺乏深度。结尾应概括提升主题。标题可添加正题：创争添活力，原标题可作副标题。

2. 材料：罗列材料过多，如"一个百分之百、四个零"一段，举一个"零"说明即可。

3. 本文第三部分应与第二部分对调，逻辑上更合理。

4. 本文语言问题见文中修改。

【思考与练习】

修改下面的报道文章：

紧密团结、集体智慧创佳绩

今年，在线塔小组的集体努力下，卡扣质量得到了飞跃提升。

线塔小组成员钱维军是卡扣车间的主任，对金属材料方面有很深的造诣。10月份，卡扣发现有大比例不合格现象，给生产带来很大的负面影响，钱主任眼光犀利，发现外购的钢材中有问题，马上通知组长陈飞、梁洁、张永凯到现场。陈飞以丰厚的经验判断这就是"罪魁祸首"，马上让车间技术员张永凯、品保工程师梁洁按他修改工艺试产验证结果。张永凯现场督促，安排生产；梁洁风风火火地知会相关部门，并亲自跟踪全试验过程，只用一天时间结果就出来了，用新工艺可以解决问题，保证了正常生产。

以往每年的 7、8、9 月都是不粘杆问题发生的高峰期，今年陈飞预先对各种存在的问题进行分析，并提出许多控制办法。大家各司其职并高度团结，集体努力，今年不仅平安渡过"危险期"，而且合格率得到奇迹似的提升。

今年线塔小组的成绩很多：修改加工工艺后，据统计工艺更改后节省用材 8～12 吨，大大的节省了原料；卡扣车间的一次工程合格率不仅达到并远远超过了目标值，已经连续几个月保持在 99.50%左右，创历史最高……

愿线塔小组在新的一年里更创佳绩！

第十一章 附　　录

模块 1　国家行政机关公文处理办法
（TYBZ03812001）

（国务院 2000 年 8 月 24 日发布）

【模块描述】本模块包括国家行政机关公文的种类、格式、行文规则、公文办理和立卷销毁等内容。通过对国家行政机关公文处理办法的介绍，熟悉处理国家行政机关公文的要求。

【正文】

第一章　总　　则

第一条　为使国家行政机关（以下简称行政机关）的公文处理工作规范化、制度化、科学化，制定本办法。

第二条　行政机关的公文（包括电报，下同），是行政机关在行政管理过程中所形成的具有法定效力和规范体式的文书，是依法行政和进行公务活动的重要工具。

第三条　公文处理是指公文的办理、管理、整理（立卷）、归档等一系列相互关联、衔接有序的工作。

第四条　公文处理应当坚持实事求是、精简、高效的原则，做到及时、准确、安全。

第五条　公文处理必须严格执行国家保密法律、法规和其他有关规定，确保国家秘密的安全。

第六条　各级行政机关的负责人应当高度重视公文处理工作，模范遵守本办法并加强对本机关公文处理工作的领导和检查。

第七条　各级行政机关的办公厅（室）是公文处理的管理机构，主管本机关的公文处理工作并指导下级机关的公文处理工作。

第八条　各级行政机关的办公厅（室）应当设立文秘部门或者配备专职人员负

责公文处理工作。

第二章 公 文 种 类

第九条 行政机关的公文种类主要有：

（一）命令（令）

适用于依照有关法律公布行政法规和规章，宣布施行重大强制性行政措施，嘉奖有关单位及人员。

（二）决定

适用于对重要事项或重大行动做出安排，奖惩有关单位及人员，变更或者撤销下级机关不适当的决定事项。

（三）公告

适用于向国内外宣布重要事项或者法定事项。

（四）通告

适用于公布各有关方面应当遵守或者周知的事项。

（五）通知

适用于批转下级机关的公文，转发上级机关和不相隶属机关的公文，传达要求下级机关办理和需要有关单位周知或者执行的事项，任免人员。

（六）通报

适用于表彰先进，批评错误，传达重要精神或者情况。

（七）议案

适用于各级人民政府按照法律程序向同级人民代表大会或人民代表大会常务委员会提请审议事项。

（八）报告

适用于向上级机关汇报工作，反映情况，答复上级机关的询问。

（九）请示

适用于向上级机关请求指示、批准。

（十）批复

适用于答复下级机关请示事项。

（十一）意见

适用于对重要问题提出见解和处理办法。

（十二）函

适用于不相隶属机关之间相互商洽工作，询问和答复问题，请求批准和答复审批事项。

（十三）会议纪要

适用于记载、传达会议情况和议定事项。

第三章　公　文　格　式

第十条　公文一般由秘密等级和保密期限、紧急程度、发文机关标识、发文字号、签发人、标题、主送机关、正文、附件说明、成文日期、印章、附注、附件、主题词、抄送机关、印发机关和印发日期等部分组成。

（一）涉及国家秘密的公文应当标明密级和保密期限，其中，"绝密"、"机密"级公文还应当标明份数序号。

（二）紧急公文应当根据紧急程度分别标明"特急"、"急件"。其中电报应当分别标明"特提"、"特急"、"加急"、"平急"。

（三）发文机关标识应当使用发文机关全称或者规范化简称；联合行文，主办机关排列在前。

（四）发文字号应当包括机关代字、年份、序号。联合行文，只标明主办机关发文字号。

（五）上行文应当注明签发人、会签人姓名。其中，"请示"应当在附注处注明联系人的姓名和电话。

（六）公文标题应当准确简要地概括公文的主要内容并标明公文种类，一般应当标明发文机关。公文标题中除法规、规章名称加书名号外，一般不用标点符号。

（七）主送机关指公文的主要受理机关，应当使用全称或者规范化简称、统称。

（八）公文如有附件，应当注明附件顺序和名称。

（九）公文除会议纪要和以电报形式发出的以外，应当加盖印章。联合上报的公文，由主办机关加盖印章；联合下发的公文，发文机关都应当加盖印章。

（十）成文日期以负责人签发的日期为准，联合行文以最后签发机关负责人的签发日期为准。电报以发出日期为准。

（十一）公文如有附注（需要说明的其他事项），应当加括号标注。

（十二）公文应当标注主题词。上行文按照上级机关的要求标注主题词。

（十三）抄送机关指除主送机关外需要执行或知晓公文的其他机关，应当使用全称或者规范化简称、统称。

（十四）文字从左至右横写、横排。在民族自治地方，可以并用汉字和通用的少数民族文字（按其习惯书写、排版）。

第十一条　公文中各组成部分的标识规则，参照《国家行政机关公文格式》国家标准执行。

第十二条　公文用纸一般采用国际标准 A4 型（210mm×297mm），左侧装订。

张贴的公文用纸大小，根据实际需要确定。

第四章 行 文 规 则

第十三条 行文应当确有必要，注重效用。

第十四条 行文关系根据隶属关系和职权范围确定，一般不得越级请示和报告。

第十五条 政府各部门依据部门职权可以互相行文和向下一级政府的相关业务部门行文；除以函的形式商洽工作、询问和答复问题、审批事项外，一般不得向下一级政府正式行文。

部门内设机构除办公厅（室）外不得对外正式行文。

第十六条 同级政府、同级政府各部门、上级政府部门与下一级政府可以联合行文；政府与同级党委和军队机关可以联合行文；政府部门与相应的党组织和军队机关可以联合行文；政府部门与同级人民团体和具有行政职能的事业单位也可以联合行文。

第十七条 属于部门职权范围内的事务，应当由部门自行行文或联合行文。联合行文应当明确主办部门。须经政府审批的事项，经政府同意也可以由部门行文，文中应当注明经政府同意。

第十八条 属于主管部门职权范围内的具体问题，应当直接报送主管部门处理。

第十九条 部门之间对有关问题未经协商一致，不得各自向下行文。如擅自行文，上级机关应当责令纠正或撤销。

第二十条 向下级机关或者本系统的重要行文，应当同时抄送直接上级机关。

第二十一条 "请示"应当一文一事；一般只写一个主送机关，如需同时送其他机关的，应当用抄送形式，但不得抄送其下级机关。

"报告"不得夹带请示事项。

第二十二条 除上级机关负责人直接交办的事项外，不得以机关名义向上级机关负责人报送"请示"、"意见"和"报告"。

第二十三条 受双重领导的机关向上级机关行文，应当写明主送机关和抄送机关。上级机关向受双重领导的下级机关行文，必要时应当抄送其另一上级机关。

第五章 发 文 办 理

第二十四条 发文办理指以本机关名义制发公文的过程，包括草拟、审核、签发、复核、缮印、用印、登记、分发等程序。

第二十五条 草拟公文应当做到：

（一）符合国家的法律、法规及其他有关规定。如提出新的政策、规定等，要切实可行并加以说明。

（二）情况确实，观点明确，表述准确，结构严谨，条理清楚，直述不曲，字词规范，标点正确，篇幅力求简短。

（三）公文的文种应当根据行文目的、发文的职权和与主送机关的行文关系确定。

（四）拟制紧急公文，应当体现紧急的原因，并根据实际需要确定紧急程度。

（五）人名、地名、数字、引文准确。引用公文应当先引标题，后引发文字号。引用外文应当注明中文含义。日期应当写明具体的年、月、日。

（六）结构层次序数，第一层为"一、"，第二层为"（一）"，第三层为"1."第四层为"（1）"。

（七）应当使用国家法定计量单位。

（八）文内使用非规范化简称，应当先用全称并注明简称。使用国际组织外文名称或其缩写形式，应当在第一次出现时注明准确的中文译名。

（九）公文中的数字，除成文日期、部分结构层次序数和在词、词组、惯用语、缩略语、具有修辞色彩语句中作为词素的数字必须使用汉字外，应当使用阿拉伯数码。

第二十六条 拟制公文，对涉及其他部门职权范围内的事项，主办部门应当主动与有关部门协商，取得一致意见后方可行文；如有分歧，主办部门的主要负责人应当出面协调，仍不能取得一致时，主办部门可以列明各方理据，提出建设性意见，并与有关部门会签后报请上级机关协调或裁定。

第二十七条 公文送负责人签发前，应当由办公厅（室）进行审核。审核的重点是：是否需要行文，行文方式是否妥当，是否符合行文规则和拟制公文的有关要求，公文格式是否符合本办法的规定等。

第二十八条 以本机关的名义制发的上行文，由主要负责人或者主持工作的负责人签发；以本机关名义制发的下行文或平行文，由主要负责人或者由主要负责人授权的其他负责人签发。

第二十九条 公文正式印制前，文秘部门应当进行复核，重点是：审批、签发手续是否完备，附件材料是否齐全，格式是否统一、规范等。

经复核需要对文稿进行实质性修改的，应按程序复审。

第六章 收 文 办 理

第三十条 收文办理指对收到的公文的办理过程，包括签收、登记、审核、拟办、批办、承办、催办等程序。

第三十一条 收到下级机关上报的需要办理的公文，文秘部门应当进行审核。审核的重点是：是否应由本机关办理；是否符合行文规则；内容是否符合国家法律、法规及其他有关规定；涉及其他部门或地区职权的事项是否已协商、会签；文种使用、公文格式是否规范。

第三十二条　经审核，对符合本办法规定的公文，文秘部门应当及时提出拟办意见送负责人批示或者交有关部门办理，需要两个以上部门办理的应当明确主办部门。紧急公文，应当明确办理时限。对不符合本办法规定的公文，经办公厅（室）负责人批准后，可以退回呈报单位并说明理由。

第三十三条　承办部门收到交办的公文后应当及时办理，不得延误、推诿。紧急公文应当按时限要求办理，确有困难的，应当及时予以说明。对不属于本单位职权范围或者不宜由本单位办理的，应当及时退回交办的文秘部门并说明理由。

第三十四条　收到上级机关下发或交办的公文，由文秘部门提出拟办意见，送负责人批示后办理。

第三十五条　公文办理过程中遇有涉及其他部门职权的事项，主办部门应当主动与有关部门协商；如有分歧，主办部门主要负责人要出面协调，如仍不能取得一致，可以报请上级机关协调或裁定。

第三十六条　审批公文时，对有具体请示事项的，主批人应当明确签署意见、姓名和审批日期，其他审批人圈阅视为同意；没有请示事项的，圈阅表示已阅知。

第三十七条　送负责人批示或者交有关部门办理的公文，文秘部门要负责催办，做到紧急公文跟踪催办，重要公文重点催办，一般公文定期催办。

第七章　公　文　归　档

第三十八条　公文办完后，应当根据《中华人民共和国档案法》和其他有关规定，及时整理（立卷）、归档。

个人不得保存应当归档的公文。

第三十九条　归档范围内的公文，应当根据其相互联系、特征和保存价值整理（立卷），要保证归档公文的齐全、完整，能正确反映本机关的主要工作情况，便于保管和利用。

第四十条　联合办理的公文，原件由主办机关整理（立卷）、归档，其他单位保存复制件或其他形式的公文副本。

第四十一条　本机关负责人兼任其他机关职务，在履行所兼职务职责过程中形成的公文，由其兼职机关整理（立卷）、归档。

第四十二条　归档范围内的公文应当确定保管期限，按照有关规定定期向档案部门移交。

第四十三条　拟制、修改和签批公文，书写及所用纸张和字迹材料必须符合存档要求。

第八章　公　文　管　理

第四十四条　公文由文秘部门或专职人员统一收发、审核、用印、归档和销毁。

第四十五条　文秘部门应当建立健全本机关公文处理的有关制度。

第四十六条　上级机关的公文，除绝密级和注明不准翻印的以外，下一级机关经负责人或者办公厅（室）主任批准，可以翻印。翻印时，应当注明翻印的机关、日期、份数和印发范围。

第四十七条　公开发布的行政机关的公文，必须经发文机关批准。经批准公开发布的公文，同发文机关正式印发的公文具有同等效力。

第四十八条　公文复印件作为正式公文使用时，应该加盖复印机关的证明章。

第四十九条　公文被撤销，视作自始不产生效力；公文被废止，视作自废止之日起不产生效力。

第五十条　不具备归档和存查价值的公文，经过鉴别并经办公厅（室）负责人批准，可以销毁。

第五十一条　销毁秘密公文应当到指定场所由二人以上监销，保证不丢失、不漏销。其中，销毁绝密公文（含密码电报）应当进行登记。

第五十二条　机关合并时，全部公文应当随之合并管理。机关撤销时，需要归档的公文整理（立卷）后按有关规定移交档案部门。

工作人员调离工作时，应当将本人暂存、借用的公文按照有关规定移交、清退。

第五十三条　密码电报的使用和管理，按照有关规定执行。

第九章　附　　则

第五十四条　行政法规、规章方面的公文，依照有关规定处理。外事方面的公文，按照外交部的有关规定处理。

第五十五条　公文处理中涉及电子文件的有关规定另行制定。统一规定发布之前，各级行政机关可以制定本机关或者本地区、本系统的试行规定。

第五十六条　各级行政机关的办公厅（室）对上级机关和本机关下发公文的贯彻落实情况应当进行督促检查并建立督查制度。有关规定另行制定。

第五十七条　本办法自 2001 年 1 月 1 日起施行。1993 年 11 月 21 日国务院办公厅发布，1994 年 1 月 1 日起施行的《国家行政机关公文处理办法》同时废止。

【思考与练习】

1. 公文处理应当坚持哪些原则？
2. 行政机关的公文种类主要有哪几种？

3. 简述发文办理的过程。

模块 2　国家电网公司文件处理办法（TYBZ03812002）

（国家电网公司 2003 年 5 月 20 日发布）

【模块描述】本模块包括国家电网公司公文处理的意义、种类、范围和方法。通过对国家电网公司公文处理办法的介绍，了解处理国家电网公司公文的要求。

【正文】

第一章　总　　则

第一条　为使国家电网公司（以下简称公司）的公文处理工作进一步规范化、制度化、科学化，根据《国家行政机关公文处理办法》等有关规定，结合公司的实际情况，特制定本办法。

第二条　公司公文（包括电报，下同），是公司在管理过程中形成的具有法定效力和规范体式的公务文书，是传达贯彻党和国家的方针、政策，发布规章和措施，请示和答复问题，安排生产经营活动，布置和商洽工作，报告情况、交流经验的重要工具。

第三条　公文处理指公文的办理、管理、整理、归档等一系列相互关联、衔接有序的工作。

第四条　公文处理应当坚持实事求是、精简、高效的原则，做到及时、准确、安全。

第五条　公文处理必须严格执行国家保密法律、法规和其他有关规定，确保国家秘密的安全。

第六条　总经理工作部是公文处理的管理机构，主管公司本部并负责指导所属单位的公文处理工作。

第七条　各所属单位应当设立文件管理部门或者配备专职人员负责公文处理工作。

第二章　公　文　种　类

第八条　公司常用的公文种类有：

（一）决定

适用于对重要事项或重大行动作出安排，奖惩有关单位及人员，变更或者撤销所属单位不适当的决定事项等。

（二）规定、办法

"规定"适用于对某项工作或活动作出安排，提出具体管理措施和行为规范。

"办法"适用于对某项工作或活动制定具体做法和要求。

（三）通知

适用于发布规章，批转所属单位的公文，转发上级和不相隶属单位的公文，传达要求所属单位办理和需要有关单位周知或者执行的事项，任免和聘用干部。

（四）通报

适用于表彰先进，批评错误，传达重要信息或情况。

（五）报告

适用于向上级机关汇报工作，反映情况，答复上级机关的询问。

（六）请示

适用于向上级机关请求指示、批准。

（七）批复

适用于答复所属单位的请示事项。

（八）意见

适用于对重要问题提出见解和处理方法，答复对方征求对某项工作的意见。

（九）函

适用于不相隶属单位之间、投资或合作伙伴之间商洽工作，询问和答复问题，请求批准和答复审批事项。

（十）会议纪要

适用于记载、传达会议情况和议定事项。

第三章 公 文 格 式

第九条 公文一般由发文单位、秘密等级、保密期限、紧急程度、发文字号、签发人、标题、主送单位、正文、成文日期、印章、附注、附件、主题词、抄送单位、印发单位和印发日期等部分组成。

（一）涉及国家和公司秘密的公文应当在公文首页左上角标明密级，分别为"绝密"、"机密"和"秘密"。其中，绝密级文件还应当标明份数序号。

（二）紧急公文应当根据紧急程度，在公文首页左上角分别标明"特急"、"急件"。紧急电报应当分别标明"特提"，"特急"、"加急"。

（三）发文单位应当使用单位全称或规范化简称；联合行文，主办单位应当排列在前。

（四）发文字号应当包括：单位代字、年份、序号。联合行文，只标明主办单位发文字号。公司部门的发文代字不得与公司发文代字相混同。（公司发文代字见

附录）

公文的发文字号一般标注在发文单位之下，横线上方居中；函件的发文字号标注在横线下方右侧。

（五）上报的公文，应在横线上方左侧标注字号，右侧注明签发人，如有会签单位，应在左侧注明会签人姓名。

（六）公文标题应准确简要地概括公文的主要内容并标明公文种类，公文标题中除法规、规章名称加书名号外，一般不用标点符号。

转发文件的标题，除被转发文件的文种为"通知"时省略外，其他文种可保留一级。（如需要转发的文件是："国务院关于加强安全生产工作的通知"；转发文件的标题为"转发国务院关于加强安全生产工作的通知"，不用"通知的通知"。）

（七）主送单位指公文的主要受理单位，应当使用全称或规范化简称、统称。

（八）公文如有附件，应在正文之后，成文日期之前注明附件的顺序和名称。

（九）公文除"会议纪要"（以会议纪要名称为文头的）和以电报形式发出的外，一律加盖印章。联合发文，各联合发文单位都应当加盖印章。联合发文的盖章顺序，应与文头单位排列顺序相同。

（十）成文日期，以领导人签发的日期为准；联合行文，以最后签发单位领导人的签发日期为准。电报以发出日期为准。会议通过的文件，以通过日期为准，并在标题之下、正文之前注明会议名称和通过日期。

（十一）文件应当标注主题词；上报的文件，应按照上级单位的要求标注主题词；下发的文件，应标注主题词表中规定的词，除类别词外，最多不超过五个词汇。

（十二）抄送单位指除主送单位外需要执行或知晓公文的其他单位，应当使用全称或者规范化简称、统称。

（十三）文字从左至右横写、横排。在民族自治地方，可以并用汉字和通用的少数民族文字（按其习惯书写、排版）。

公文标题用 2 号文鼎报宋体简，正文用 3 号仿宋 GB2312 字体。

第十条 公文中各组成部分的标识规则，参照《国家行政机关公文格式》国家标准执行。

第十一条 公文用纸采用国际标准 A4 型，左侧装订。张贴的公文用纸大小，根据实际需要确定。

第四章 行 文 规 则

第十二条 行文应当确有必要，注重效用。

第十三条 行文关系根据隶属关系和职权范围确定：

（一）公司在职权范围内，可以对所属单位行文；可以同国务院各部委（办、局)，各省、自治区、直辖市人民政府互相行文，可以根据业务需要同合作伙伴互相行文。

（二）公司各部门，就具体业务工作，可对公司所属单位行文。

（三）各专业会议通知、会议纪要、转发文件、经验介绍等，以部门名义行文；公司领导讲话，发《内部情况通报》，由总经理工作部统一编号；总经理办公会议、党组会议发会议纪要。

第十四条　一般不得越级行文。因特殊情况必须越级行文时，应抄送越过的单位。

第十五条　公司内部之间对有关问题未经协商一致，不得行文。

第十六条　同级单位、合作伙伴可以联合行文。公司和分公司不得联合行文。

第十七条　向所属单位和本系统的重要行文，应当抄送直接上级单位。

第十八条　"请示"应一文一事，一般只写一个主送单位，如需同时送其他单位的，应当用抄送形式，但不得同时抄送下级单位。对可行性研究报告、初步设计审核意见等业务性较强的公文，在报请上级或业务主管部门审批的同时，可抄送有关单位。

报告中不得夹带"请示"事项。

第十九条　除领导直接交办的事项外，不得以单位名义向领导者个人报送"请示"、"意见"和"报告"。

第二十条　向受双重领导的下级单位行文，必要时应当抄送其另一上级单位。

第五章　发　文　办　理

第二十一条　发文办理指以本单位名义制发公文的过程。包括草拟、会签、审核、签发、缮印、用印、登记、分发等程序。

第二十二条　发公司或部门的普通文件，应通过办公自动化系统"发文管理"模块拟稿。拟稿人应将有关栏目填写清楚，并签署日期。

第二十三条　草拟公文应做到：

（一）符合国家的法律、法规及其他有关规定，符合实际工作情况。

（二）情况确实，观点明确，表述准确，结构严谨，条理清楚，直述不曲，字词规范，标点正确，篇幅力求简短。

（三）公文中的文种应当根据行文目的、发文机关的职权和与主送单位的行文关系确定。

（四）拟制紧急公文，应当体现紧急的原因，并根据实际需要确定紧急程度。

（五）人名、地名、数字、引文准确。引用公文应先引用标题，后引发文字号，并加括号。引用外文应当注明中文含义。日期应当写明具体的年、月、日。

（六）结构层次序数，第一层为"一、"，第二层为"（一）"，第三层为"1."，第四层为"（1）"。

（七）应当使用国家法定计量单位。

（八）文内使用非规范化简称，应当先用全称并注明简称。使用国际组织外文名称或其缩写形式，应当在第一次出现时注明准确的中文译名。

（九）公文中的数字，除成文日期、部分结构层次序数和在词、词组、惯用语、缩略语、具有修辞色彩语句中作为词素的数字必须使用汉字外，应当使用阿拉伯数字。

第二十四条　拟制公文对涉及公司其他部门职权范围内的事项，主办部门应事先会签有关部门，取得一致意见后方可行文；经协商不能取得一致意见的，主办部门可以列明各方理据，提出建设性意见，并与有关部门会签后报请领导协调或裁定。

拟制各类法规性文件（规章、制度、办法、规定等），主办部门均应会签法律部。

为提高办文效率，会签时间不能超过三个工作日，并在发文稿纸中注明会签时间。公司发文由有关部门领导会签；部门发文，由有关处室领导会签；如涉及总师协调事项，应送总师核签。

第二十五条　各级领导要对文电稿进行全面审核，严格把关。公司发文在送领导签发前，应先由总经理工作部核稿；各部门的综合处长负责对本单位草拟的公司发文进行初审和本部门发文的核稿，对不符合要求的文件应及时退经办人修改或重办。

审核的重点是：

（一）是否需要行文，行文方式是否妥当；

（二）有关部门、单位是否已协商、会签；

（三）提出的要求、办法和措施是否明确具体、切实可行；

（四）公文内容、文字表述、文种使用、公文格式等是否符合行文规则和拟制公文的有关规定。

第二十六条　签发

（一）向党中央、国务院的请示、报告，由党组书记总经理签发。向国家有关部门的请示、报告，原则上由分管副总经理签发，必要时送总经理签发。

（二）一般发文按分工送副总经理签发。发文内容如涉及其他副总经理的分管业务，应送其他副总经理核签。

（三）《内部情况通报》由讲话领导本人签发。

（四）授权签发

以公司名义办理一般具体事项，经公司领导授权可由有关部门主任签发。

第二十七条　草拟、修改和签批公文必须用钢笔、签字笔，不得用纯蓝墨水和圆珠笔，书写及所用纸张必须符合归档要求。不得在文稿装订线外书写。

第六章 收 文 办 理

第二十八条 收文办理指对收到文件的办理过程,包括签收、登记、审核、拟办、批办、承办、催办等程序。

第二十九条 公司收文,凡需办理的,由总经理工作部文件处理部门提出拟办意见,重要的经总经理工作部领导审核,其中党中央、国务院的文件及领导批示送总经理阅批;国务院办公厅、有关部门、各省政府及各所属单位的重要文件,按分工送总经理或副总经理阅批;各所属单位及其他部门的一般业务文件,按分工送各部门阅办。

需要两个以上部门共同办理的文件,应明确主办部门,由主办部门商有关部门会办。紧急公文,应当明确办理时限。

第三十条 承办部门收到交办的公文后应当及时办理,不得延误、推诿。紧急公文应当按时限要求办理,确有困难的,应当及时予以说明。对不属于本单位职权范围或者不宜由本部门办理的文件,应及时退回交办的文件处理部门并说明理由。

第三十一条 各部门收到重要的或领导批示的文电,要先经部门领导阅批,再交承办人办理或传阅。凡涉及其他部门的问题,主办部门应当主动与相关部门协商办理。

第三十二条 文件除绝密和有特殊要求的需传阅后收回外,其他均由各单位妥善保管;凡需要办理的,由主办部门办理完毕后归档。

第三十三条 凡属公司领导和各部门传阅的文件,由总经理工作部文件处理部门组织传阅,有关部门不得积压,也不得横传。

第三十四条 审批公文,对有具体请示事项的,主批人应当明确签署意见、姓名和审批日期,其他审批人圈阅视为同意;没有请示事项的,圈阅表示已阅知。

第三十五条 对重要的和有时限要求的文电,文件处理部门要负责催办,做到紧急公文跟踪催办,重要公文重点催办,一般公文定期催办。除文件处理部门负责催办外,承办单位的领导、秘书都要及时催办,并将办理情况及时反馈。

第七章 公 文 归 档

第三十六条 公文办理完毕后,应当根据《中华人民共和国档案法》,按照《国家电网公司机关文件归档制度》和其他有关规定,及时将公文定稿、正本和有关材料(包括音像制品)整理好,交本部门秘书归档。

个人不得保存应当归档的公文。

第三十七条 归档范围内的公文,应当根据其相互联系、特征和保存价值等分门别类进行整理,确定保管期限,按照有关规定定期向公司档案部门移交。保证应归档的公文齐全、完整,能够准确反映本部门的主要工作情况,便于保管和利用。

第三十八条　公司与其他单位联合办理的公文，定稿由主办单位归档，其他单位保存公文正本。

第三十九条　公司领导兼任其他单位职务，在履行所兼职务职责过程中形成的公文，由其兼职单位归档。

第四十条　具有长期或永久保存价值的电子文件，须将电子文件与相应的纸质文件一并归档，没有纸质文件的，必须制成纸质文件。

第八章　公　文　管　理

第四十一条　公文由文秘部门或专职人员统一收发、用印、归档和销毁。

第四十二条　上级单位的公文，除绝密级和注明不准翻印的以外，经公司领导或总经理工作部主任批准，可以翻印，翻印件同正式文件一样管理。翻印时，要注明翻印机关、时间、份数和印发范围。

第四十三条　公开发布行政机关的公文，必须经发文机关批准。经批准公开发布的公文，同发文机关正式印发的公文具有同等效力。

第四十四条　公文复印件作为正式公文使用时，应当加盖复印单位证明章。

第四十五条　公文被撤销，视作自始不产生效力；公文被废止，视作自废止之日起不产生效力。

第四十六条　不具备归档和保存价值的公文，经鉴定和主管领导批准后，可以定期销毁。

第四十七条　销毁秘密公文，应当到指定场所由二人以上监销，保证不丢失，不漏销。其中销毁绝密公文（含密码电报）应当进行登记。

第四十八条　单位合并时，全部公文应当随之合并管理。单位撤销时，需要将应归档的公文整理后按有关规定移交档案部门。

工作人员调离工作岗位时，须将本人暂存、借用的公文按照有关规定移交、清退、归档。

第四十九条　电报由总经理工作部机要室、值班室签收，集中分办、管理，注明"亲收"的"绝密"和指人译电报，必须由收电人或收电人指定的人亲自启封；发电由公司领导（或部门领导）签发后，统一登记发出。

第五十条　属于需要办复的电报，应及时送公司领导或主办部门阅办，急电随到随办，不得积压。

第五十一条　草拟发电稿，应坚持一事一电、密来密复、明来明复、不得明密混用的原则，做到简明扼要，文字清楚，说明问题。

第五十二条　密码电报是经密码隐蔽过的公文。凡属秘密和紧急、重要的事项，应按规定采用密码加密译发。

第五十三条 密码电报要严格管理，按规定范围传阅、使用。不准擅自抄录、翻印、复制，不得在不利保密的场合存放、交接密码电报。不得携带密码电报到公共场所或作为出差、办事的证明。

第五十四条 公司本部各部门向公司领导请示、报告重要事项用签报。

第五十五条 总经理工作部为签报的管理部门。除人事任免、案件查处等涉密内容的签报按有关规定办理外，签报均应通过办公自动化程序呈报。

第五十六条 签报办理完毕后，原件由总经理工作部文档处统一留存。

第五十七条 对于涉及两个及以上部门的事项，依本办法第二十五条规定执行。

第九章 附 则

第五十八条 行政法规、规章方面的公文，依照有关规定处理。外事方面的公文，按照外交部的有关规定办理。

第五十九条 公文处理中涉及电子文件的有关规定另行制定。

第六十条 本办法适用于公司本部各部门。各分公司、子公司、控股公司等单位可结合实际情况，参照执行。

第六十一条 本办法由国家电网公司总经理工作部负责解释，自发布之日起施行。

【思考与练习】

1.《国家电网公司公文处理办法》是根据什么规定制定的？

2. 各级领导要对文电稿进行全面审核，严格把关，审核的重点是什么？

模块 3 GB/T 9704—1999
国家行政机关公文格式（TYBZ03812003）

【模块描述】本模块介绍国家行政机关公文格式的内容范围、引用标准、纸幅及图文尺寸、各要素标识规则、排版、标点等。通过知识讲解，熟悉国家行政机关公文的有关格式。

【正文】

1 范围

本标准规定了国家行政机关公文通用的纸张要求、印制要求、公文中各要素排列顺序和标识规则。

本标准适用于国家各级行政机关制发的公文。其他机关公文可参照执行。

模块 3

TYBZ03812003

使用少数民族文字印制的公文，其格式可参照本标准按有关规定执行。

2　引用标准

下列标准所包含的条文，通过在本标准中引用而构成为本标准的条文。本标准出版时，所示版本均为有效。所有标准都会被修订，使用本标准的各方应探讨使用下列标准最新版本的可能性。

GB/T 148—1997　印刷、书写和绘图纸幅面尺寸。

3　定义

本标准采用下列定义。

3.1

字　word

标识公文中横向距离的长度单位。一个字指一个汉字所占空间。

3.2

行　line

标识公文中纵向距离的长度单位。本标准以 3 号字高度加 3 号字高度 7/8 倍的距离为一基准行；公文标题以 2 号字高度加 2 号字高度 7/8 倍的距离为一基准行。

4　公文用纸主要技术指标

公文用纸一般使用纸张定量为 $60g/m^2 \sim 80g/m^2$ 的胶版印刷纸或复印纸。纸张白度为 $85\% \sim 90\%$，横向耐折度 $\geqslant 15$ 次，不透明度 $\geqslant 85\%$，pH 值为 $7.5 \sim 9.5$。

5　公文用纸幅面及版面尺寸

5.1　公文用纸幅面尺寸

公文用纸采用 GB/T 148 中规定的 A4 型纸，其成品幅面尺寸为：210mm×297mm，尺寸的允许偏差见 GB/T 148。

5.2　公文页边与版心尺寸

公文用纸天头（上白边）为：37mm±1mm

公文用纸订口（左白边）为：28mm±1mm

版心尺寸为：156mm×225mm（不含页码）

6　公文中图文的颜色

未作特殊说明公文中图文的颜色均为黑色。

7 排版规格与印制装订要求

7.1 排版规格

正文用 3 号仿宋体字，文中如有小标题可用 3 号小标宋体字或黑体字，一般每面排 22 行，每行排 28 个字。

7.2 制版要求

版面干净无底灰，字迹清楚无断划，尺寸标准，版心不斜，误差不超过 1mm。

7.3 印刷要求

双面印刷；页码套正，两面误差不得超过 2mm。黑色油墨应达到色谱所标 BL100%，红色油墨应达到色谱所标 Y80%，M80%。印品着墨实、均匀；字面不花、不白、无断划。

7.4 装订要求

公文应左侧装订，不掉页。包本公文的封面与书芯不脱落，后背平整、不空。两页页码之间误差不超过 4mm。骑马订或平订的订位为两钉钉锯外订眼距书芯上下各 1/4 处，允许误差±4mm。平订钉锯与书脊间的距离为 3mm～5mm；无坏钉、漏钉、重钉，钉脚平伏牢固；后背不可散页明订。裁切成品尺寸误差±1mm，四角成 90 度，无毛茬或缺损。

8 公文中各要素标识规则

本标准将组成公文的各要素划分为眉首、主体、版记三部分。置于公文首页红色反线（宽度同版心，即 156mm）以上的各要素统称眉首；置于红色反线（不含）以下至主题词（不含）之间的各要素统称主体；置于主题词以下的各要素统称版记。

8.1 眉首

8.1.1 公文份数序号

公文份数序号是将同一文稿印制若干份时每份公文的顺序编号。如需标识公文份数序号，用阿拉伯数码顶格标识在版心左上角第 1 行。

8.1.2 秘密等级和保密期限

如需标识秘密等级，用 3 号黑体字，顶格标识在版心右上角第 1 行，两字之间空 1 字；如需同时标识秘密等级和保密期限，用 3 号黑体字，顶格标识在版心右上角第 1 行，秘密等级和保密期限之间用"★"隔开。

8.1.3 紧急程度

如需标识紧急程度，用 3 号黑体字，顶格标识在版心右上角第 1 行，两字之间空 1 字；如需同时标识秘密等级与紧急程度，秘密等级顶格标识在版心右上角第 1 行，紧急程度顶格标识在版心右上角第 2 行。

8.1.4 发文机关标识

由发文机关全称或规范化简称后加"文件"组成；对一些特定的公文可只标识发文机关全称或规范化简称。发文机关标识上边缘至版心上边缘为 25mm。对于上报的公文，发文机关标识上边缘至版心上边缘为 80mm。如需标识秘密等级和保密期限以及紧急程度，见图 3。

发文机关标识推荐使用小标宋体字，用红色标识。字号由发文机关以醒目美观为原则酌定，但一般应小于 22mm×15mm（高×宽）。

联合行文时应使主办机关名称在前，"文件"二字置于发文机关名称右侧，上下居中排布；如联合行文机关过多，必须保证公文首页显示正文。

8.1.5 发文字号

发文字号由发文机关代字、年份和序号组成。发文机关标识下空 2 行，用 3 号仿宋体字，居中排布；年份、序号用阿拉伯数码标识；年份应标全称，用六角括号"〔 〕"括入；序号不编虚位（即 1 不编为 001），不加"第"字。

发文字号以下 4mm 处印一条与版心等宽的红色反线。

8.1.6 签发人

上报的公文需标识签发人姓名，平行排列于发文字号右侧。发文字号居左空 1字，签发人姓名居右空 1 字；签发人用 3 号仿宋体字，签发人后标全角冒号，冒号后用 3 号楷体字标识签发人姓名。

如有多个签发人，主办单位签发人姓名置于第 1 行，其他签发人姓名从第 2 行起在主办单位签发人姓名之下按发文机关顺序依次顺排，下移红色反线，应使发文字号与最后一个签发人姓名处在同一行并使红色反线与之的距离为 4mm。

8.2 主体

8.2.1 公文标题

红色反线下空 2 行，用 2 号小标宋体字，可分一行或多行居中排布；回行时，要做到词意完整，排列对称，间距恰当。

8.2.2 主送机关

标题下空 1 行，左侧顶格用 3 号仿宋体字标识，回行时仍顶格；最后一个主送机关名称后标全角冒号。如主送机关名称过多而使公文首页不能显示正文时，应将主送机关名称移至版记中的主题词之下、抄送之上，标识方法同抄送。

8.2.3 公文正文

主送机关名称下 1 行，每自然段左空 2 字，回行顶格。数字、年份不能回行。

8.2.4 附件

公文如有附件，在正文下空 1 行左空 2 字用 3 号仿宋体字标识"附件"，后标全角冒号和名称。附件如有序号使用阿拉伯数码（如"附件：1. ×××××"）；附件名称后不加标点符号。附件应与公文正文一起装订，并在附件左上角第1行顶格标识"附件"，有序号时标识序号；附件的序号和名称前后标识应一致。如附件与公文正文不能一起装订，应在附件左上角第1行顶格标识公文的发文字号并在其后标识附件（或带序号）。

8.2.5 成文时间

用汉字将年、月、日标全；"零"写为"〇"；成文时间的标识位置见8.2.6。

8.2.6 公文生效标识

8.2.6.1 单一发文印章

单一机关制发的公文在落款处不署发文机关名称，只标识成文日期。成文日期右空4字；加盖印章应上距正文1行之内，端正、居中下压成文日期，印章用红色。

当印章下弧无文字时，采用下套方式，即仅以下弧压在成文日期上；

当印章下弧有文字时，采用中套方式，即印章中心线压在成文日期上。

8.2.6.2 联合行文印章

当联合行文需加盖两个印章时，应将成文日期拉开，左右各空7字；主办机关印章在前；两个印章均压成文日期，印章用红色。只能采用同种加盖印章方式，以保征印章排列整齐。两印章间互不相交或相切，相距不超过3mm。

当联合行文需加盖3个以上印章时，为防止出现空白印章，应将各发文机关名称（可用简称）按加盖印章顺序排列在相应位置，并使印章加盖或套印在其上。主办机关印章在前，每排最多排3个印章，两端不得超出版心；最后一排如余一个或两个印章，均居中排布；印章之间互不相交或相切；在最后一排印章之下右空2字标识成文时间。

8.2.6.3 特殊情况说明

当公文排版后所剩空白处不能容下印章位置时，应采取调整行距、字距的措施加以解决，务使印章与正文同处一面，不得采取标识"此页无正文"的方法解决。

8.2.7 附注

公文如有附注，用3号仿宋体字，居左空2字加圆括号标识在成文日期下1行。

8.3 版记

8.3.1 主题词

"主题词"用3号黑体字，居左顶格标识，后标全角冒号；词目用3号小标宋体字；词目之间空1字。

8.3.2 抄送机关

公文如有抄送机关，在主题词下1行；左右各空1字，用3号仿宋体字标识"抄送"，后标全角冒号；抄送机关间用逗号隔开，回行时与冒号后的抄送机关对齐；在最后一个抄送机关后标句号。如主送机关移至主题词之下，标识方法同抄送机关。

TYBZ03812003

模块 3

8.3.3　印发机关和印发日期

位于抄送机关之下（无抄送机关在主题词之下）占 1 行位置；用 3 号仿宋体字。印发机关左空 1 字，印发时间右空 1 字。印发时间以公文付印的日期为准，用阿拉伯数码标识。

8.3.4　版记中的反线

版记中各要素之下均加一条反线，宽度同版心。

8.3.5　版记的位置

版记应置于公文最后一面，版记的最后一个要素置于最后一行。

9　页码

用 4 号半角白体阿拉伯数码标识，置于版心下边缘之下 1 行，数码左右各放一条 4 号一字线，一字线距版心下边缘 7mm。单页码居右空 1 字，双页码居左空 1 字。空白页和空白页以后的页不标识页码。

10　公文中表格

公文如需附表，对横排 A4 纸型表格，应将页码放在横表的左侧，单页码置于表的左下角，双页码置于表的左上角，单页码表头在订口一边，双页码表头在切口一边。

公文如需附 A3 纸型表格，且当最后一页为 A3 纸型表格时，封三、封四（可放分送，不放页码）应为空白，将 A3 纸型表格贴在封三前，不应贴在文件最后一页（封四）上。

11　公文的特定格式

11.1　信函式格式

发文机关名称上边缘距上页边的距离为 30mm，推荐用小标宋体字，字号由发文机关酌定；发文机关全称下 4mm 处为一条武文线（上粗下细），距下页边 20mm 处为一条文武线（上细下粗），两条线长均为 170mm。每行居中排 28 个字。首页不显示页码。发文机关名称及双线均印红色。发文字号置于武文线下 1 行版心右边缘顶格标识。发文字号下空 1 行标识公文标题。如需标识秘密等级或紧急程度，可置于武文线下 1 行版心左边缘顶格标识。两线之间其他要素的标识方法从本标准相应要素说明。

11.2　命令格式

命令标识由发文机关名称加"命令"或"令"组成，用红色小标宋体字，字号由发文机关酌定。命令标识上边缘距版心上边缘 20mm，下边缘空 2 行居中标识令号；令号下空 2 行标识正文；正文下 1 行右空 4 字标识签发人签名章，签名章左空 2 字标识签发人职务；联合发布的命令或令的签发人职务应标识全称。在签发人签名章下 1 行右空 2 字标识成文日期。其他要素从本标准相关要素说明。

11.3 会议纪要格式

会议纪要标识由"×××××会议纪要"组成。其标识位置同 8.1.4，用红色小标宋体字，字号由发文机关酌定。会议纪要不加盖印章。其他要素从本标准相关要素说明。

12 式样（略）

【思考与练习】

1. 公文用纸的幅面尺寸与版面尺寸都有哪些要求？
2. 简述公文中各要素标识规则。

模块 4 国家电网公司公文主题词表（TYBZ03812004）

（国家电网公司 2003 年 7 月 3 日印发）

【模块描述】 本模块介绍国家电网公司公文主题词的含义、主题分析、主题词选定及主题词表等有关标准。通过对公文主题词表的讲解及体例介绍，熟悉国家电网公司公文主题词的编写要求。

【正文】

为适应办公现代化管理的需要，便于公文的计算机管理和检索，根据《国务院公文主题词表》（1998 年版），结合国家电网公司的具体情况，特编制《国家电网公司公文主题词表》（以下简称词表）。词表主要用于标引国家电网公司上报国务院的文件和下行、平行文件，公司所属单位上行，平行、下行文件。

一、编制原则

（一）词表结构合乎逻辑，具有较宽的涵盖面，便于使用。

（二）体现文档一体化管理的原则，即词表中主题词的区域分类和类别词，可分别作为档案分类中的大类和属类。

二、体系结构

（一）本词表共由 15 类 1336 个词组成，分为主表和附表两大部分。主表有 13 类 1038 个主题词，附表有 2 类 298 个主题词。主表中每类主题词均由两部分组成，第一部分主题词共 668 个，系国务院办公厅制发，用黑体字印刷，为国务院下发和各单位上报国务院文件通用；第二部分主题词共 370 个，系国家电网公司总经理工作部制发，连同第一部分的主题词为国家电网公司下行、平行文件，公司系统上行、平行、下行文件通用。使用时不受类别的限制。

（二）词表分为三个层次。第一层是对主题区域的分类，如"综合经济"、"财政、金融"类等。第二层是类别词，即对主题词的具体分类，如"工交、能源、邮电"类中的"工业"、"交通"，"能源、"邮电"等。第三层是类属词，如"体制"、"职能"、"电网"等。第二层和第三层统称为主题词，用于文件的标引。

三、标引方法

（一）标引一份文件，除类别词外最多不超过 5 个主题词。主题词标在文件的抄送栏上，顶格写。

（二）标引顺序是先标类别词（系统内部行义，类别词"能源"可省略），再标类属词。在标类属词时，先标反映文件内容的词，最后标反映文件形式的词。如"《国家电网公司关于加强农村电网改造工作的通知》"，先标类别词"能源"（可省略），再标类属词"农村"、"电网"、"改造"，最后标上"通知"。

（三）一份文件如有两个以上的主题内容，先集中对一个主题内容进行标引，再对第二个主题内容进行标引。如"《国家电网公司关于企业兼并和职工再就业有关问题的通知》"，先标第一个主题内容的类别词"经济管理"，再标类属词"企业"、"兼并"；然后标反映第二个主题内容的类别词"劳动"，再标类属词"就业"；最后标"通知"。

（四）根据需要，可将不同类的主题词进行组配标引。如"《国家电网公司关于继续深化农村电力管理体制改革的通知》"，可标"能源（可省略）、农电、体制、改革、通知"。

（五）当词表中找不出准确反映文件主题内容的类属词时，可以在类别词中选择适当的词标引。

（六）附表中的主题词与主表中的主题词具有同等的效力，标引方法相同。但如果附表中所列的国家、地区的实际名称发生变化，可按照变化后的标准名称进行修改和使用。

（七）当文件所反映的时间因素和位置因素等超出词表规定的范围时，可进行自由词标引，每份文件只限 1 个，一般具体年月日、单位名称、人名不作为自由词标引。

四、词表管理

（一）本词表由国家电网公司总经理工作部负责解释，具体工作由文档处承办。

（二）本词表自发布之日起执行。

注：

1. 词表中黑体字为主表的第一部分，宋体字为主表的第二部分。

2. 可以用作自由标引的词指词表中未收的专用名称，如地理名称，项目、会议、产品、商标等名称。

主　表

01　综合经济（73+41）

01A　计划（7+9）

规划 统计 指标 分配 统配 调拨

初设 概算 纲要 建议书 可研 论证 前期 任务书 选址

01B　经济管理（66+32）

经济　管理　调整　调控　控制　结构　制度　所有制　股份制　责任制
流通　产业　行业　改革　改造　竞争　兼并　开放　开发　协作　资源　土地
资产　资料　产权　物价　价格　投资　招标　经营　生产　转产　项目　产品
质量　承包　租赁　合同　包干　国有　国营　私营　集体　个体　企业　公司
集团　合作社　普查　工商　商标　注册　广告　监督　增产　效益　节约　浪
费　破产　亏损　特区　开发区　保税区　展销　展览

报表 备品 标书 产量 产值 达标 地方　第三产业 电力市场 调度 董事 多
种经营　监管　监事 经济分析 可靠性 联营 配件　评标 评估 评价 生产资料
授权 售电 投标 委托 小型基建 议标 盈利 预审　招标 主辅分离

02　工交、能源、邮电（62+96）

02A　工业（31+3）

冶金　钢铁　地矿　机械　汽车　电子　电器　仪器　仪表　化工　航天
航空　核工　船舶　兵器　军工　轻工　有色金属　盐业　食品　印刷　包装
手工业　纺织　服装　丝绸　设备　原料　材料　加工

配套　修造　综合利用

02B　交通（17+5）

铁路　公路　桥梁　民航　机场　航线　航道　空中管制　飞机　港口　码
头　口岸　车站　车辆　运输　旅客

磁悬浮 电铁 空运 轻轨 水运

02C　能源（8+82）

石油　煤炭　电力　燃料　天然气　煤气　沼气

报装　变电站　变压器　变电　厂网分开　超高压　潮流　潮汐能　城网
抽水蓄能　除灰　大用户　地热网　电缆　电量　电能表　电网　电压电源　电
站　发电　粉煤灰　风电　辅机　负荷　杆塔　功率　供电　供热　管道　锅炉

核电 灰场 火电 机组 继电保护 检修 接收 接入 节能 客户 联网
煤代油 煤耗 模拟 南北互供 农电 农网 配电频率 燃油 热力 热控
热网 容量 容载 试运行 输变电 输电 输电通道 水电送电 太阳能 替
代 调峰 调频 调压 停电 退役 无功 西电东送 线杆 线路 线损 谐
波 一流企业 用电 运行方式 增容 增供扩销 主机 装置

02D 邮电（6+6）

通信 电信 邮政 网络 数据

光缆 IT 平台 微波 无线电 中继

03 旅游、城乡建设、环保（37+39）

03A 旅游（1）

03B 服务业（3）

饮食业 宾馆

03C 城乡建设（26+30）

城市 乡镇 基建 建设 建筑 建材 勘察 测绘 设计 市政 公用事
业 监理 环卫 征地 工程 房地产 房屋 住宅 装修 设施 出让 转让
风景名胜 园林 岛屿

安装 标志 测量 测试 拆迁 厂房 厂址 筹建 地质 改扩建 工期
缓建 基地 加固 金属结构 竣工 开工 勘测 抗震 启动 施工 试生产
调试 投产 土建 尾工 选型 验收 造价 资质

03D 环保（7+9）

保护区 植物 动物 污染 生态 生物

除尘 防污闪 辐射 检测 洁净煤 排污 水质 脱硫 噪声

04 农业、林业、水利、气象（51+30）

04A 农业（29+1）

农村 农民 农民负担 农场 农垦 粮食 棉花 油料 生猪 蔬菜 糖
料 烟草 水产 渔业 水果 经济作物 农副产品 副业 畜牧业 乡镇企业
农膜 种子 化肥 农药 饲料 灾害 以工代赈 扶贫

复垦

04B 林业（6+1）

绿化 木材 森林 草原 防沙治沙

砍伐

04C 水利（12+26）

河流 湖泊 滩涂 水库 水域 流域 水土保持 节水 防汛 抗旱 三峡
长江 船闸 大坝 堤防 防凌 给排水 供水 黄河 截流 库区 库容

流量　流速　泥沙　排涝　清障　枢纽　疏浚　水工　水情　水文　水资源　梯级　泄洪　蓄水　淹没

04D　气象（4+2）

气候　预报　预测

沙尘暴　雾闪

05　财政、金融（50+43）

05A　财政（24+32）

预算　决算　核算　收支　财务　会计　税务　税率　审计　债务　积累　经费　集资　收费　资金　基金　租金　拨款　利润　补贴　折旧费　附加费　固定资产

报废　财产　成本　重组　呆坏账　担保　兑现　趸售　额度　负债　挂钩　关税核销　划转　还贷　价值　减税　缴费　免税　清产核资　权益　社控　双增双节　税费　损失　索赔　贴费　限额　账户　折旧率　注册资本　自筹

05B　金融（26+11）

银行　货币　黄金　白银　存款　贷款　信贷　贴现　通货膨胀　交易　期货　利率　利息　贴息　外汇　外币　汇率　债券　证券　股票　彩票　信托　保险　赔偿　信用社

抵押　公积金　股东　股权　还本付息　结算　控股　流动资金　融资　上市公司　资本金

06　贸易（41+11）

06A　商业（24+11）

商品　物资　收购　定购　购置　市场　集贸　酒类　副食品　日用品　销售　消费　批发　供应　零售　拍卖　专卖　订货　营业　仓库　储备　储运　货物

电费　电费回收　电价　交易会　经营权　竞价上网　贸易　热价　同网同价　招商　执照

06B　外贸（17）

对外援助　军贸　进口　出口　引进　海关　缉私　仲裁　商检　外商　外资　合资　合作　关贸　许可证　驻外企业

07　外事（41+2）

07A　外交（20）

对外政策　对外关系　领土　领空　领海　外交人员　建交　公约　大使　领事　条约　协定　协议　议定书　备忘录　照会　国际　涉外事务　抗议

07B　外事（21+2）

国际会议　国际组织　对外宣传　出访　出国　出入境　签证　护照　邀请　来

国家电网公司生产技能人员职业能力培训通用教材 **电力应用文**

访　谈判　会谈　会见　接见　招待会　宴会　外国人　外宾　对外友协　外国专家
商务　延期

08　公安、司法、监察（45+21）

08A　公安（24+5）

警察　武警　警衔　治安　非法组织　安全　保卫　禁毒　消防　防火　检查
扫黄　案件　处罚　户口　证件　事件　危险品　游行　海防　边防　边界　边境
反窃电　反邪教　窃电　清理　治理

08B　司法（12+8）

政法　法制　法律　法院　律师　检察　程序　公证　劳改　劳教　监狱
地方法规　法规　法律效力　解释　普法　侵权　诉讼　行政复议

08C　监察（9+8）

廉政建设　审查　纪检　执法　行贿　受贿　贪污　处分
渎职　行风　稽查　检举　申报　用电监察　政纪　执法监察

09　民政、劳动人事（75+23）

09A　民政（24+4）

基层政权　选举　行政区划　地名　人口　双拥工作　社会保障　社团　救
灾　救济　募捐　婚姻　移民　抚恤　慰问　调解　老龄问题　烈士　纠纷　残
疾人　墓地　殡葬　社区服务
疗养　农转非　统筹　养老

09B　机构（7+2）

驻外机构　体制　职能　编制　精简　更名
三定　设置

09C　人事（29+5）

行政人员　干部　公务员　考核　录用　职工　家属　子女　知识分子　专
家　参事　院士　文史馆员　履历　聘任　任免　辞退　退职　职称　待遇　离
休　退休　交流　安置　调配　模范　表彰　奖励
兼职　居民　人才　职务　职责

09D　劳动（10+10）

就业　失业　招聘　合同制　工人　保护　劳务　第二职业　事故
定额　工龄　减人增效　解除　劳动关系　劳动争议　伤亡　效率　招工
资格

09E　工资（5+2）

津贴　奖金　福利　收入
补助　晋级

10　科、教、文、卫、体（67+12）

10A　科技（18+9）

科学　技术　科普　科研　鉴定　标准　计量　专利　发明　实验　情报
计算机　自动化　信息　卫星　地震　海洋

成果　代码　技改　课题　软件　试验　学术　遥感　硬件

10B　教育（11+1）

学校　教师　招生　学生　培训　毕业　学位　留学　教材　校办企业
留学生

10C　文化（21+1）

文字　文史　文学　语言　艺术　古籍　图书　宣传　广播　电视　电影
出版　版权　报刊　新闻　音像　文物　古迹　纪念物　电子出版物
文艺

10D　卫生（12+1）

医院　中医　医疗　医药　药材　防疫　疾病　计划生育　妇幼保健　检验
检疫
医疗保险

10E　体育（5）

运动员　教练员　运动会　比赛

11　国防（23+2）

11A　军事

军队　国防　空军　海军　征兵　服役　转业　民兵　预备役　军衔　复员
文职　后勤　装备　战备　作战　训练　防空　军需　武器　弹药　人武
人防　士兵

12　秘书、行政（63+19）

12A　文秘工作（46+12）

机关　国旗　国徽　机要　印章　信访　督查　保密　公文　档案　会议
文件　秘书　电报　提案　议案　谈话　讲话　总结　批示　题词　章程　条例
办法　细则　规定　方案　布告　决议　命令　决定　指示　公告　通告　通知
通报　报告　请示　批复　函　会议纪要

办公自动化　编辑　规程　规范　规章　批准　审议　文献　系统　政研
制度　主题词

12B　行政事务（17+7）

行政　工作制度　纪念活动　庆典活动　休假　节假日　着装　参观　接待
措施　调查　视察　考察　礼品　馈赠　服务　出席　发言　转发　名单　批准

审批　信函　事务　活动　纪要　督察

登记　发行　名单　年鉴　史志　事务　仪式

13　综合党团（40+31）

13A　党派团体（14+4）

共产党　民主党派　共青团　团体　工会　协会　学会　民间组织　文联
学联　妇女　儿童　基金会

党风　党纪　党建　党务

13B　统战（4）

政协　民主人士　爱国人士

13C　民族（3）

民族区域自治　民族事务

13D　宗教（2）

寺庙

13E　侨务（4）

外籍华人　归侨　侨乡

13F　港澳台（4）

香港问题　澳门问题　台湾问题

13G　综合（9+27）

整顿　形势　社会　精神文明　法人　发展　其他　试点

班组　变更　代表　调研　方针　工作　换届　解答　竞赛　决策　领导
评审　评选　青年　人大　事业　推荐　先进　协调　移交　征集　政策　政工
政审　政治　咨询

【思考与练习】

1. 主表中每类主题词均由几部分组成？
2. 当词表中找不出准确反映文件主题内容的类属词时，应如何标引？

模块 5　GB/T 15834—1995
标点符号用法（TYBZ03812005）

【模块描述】本模块包含国家标准标点符号用法的范围、定义、基本原则与用法说明等内容。通过标点符号用法的介绍，掌握标点符号的正确用法。

【正文】

1 范围

本标准规定了标点符号的名称、形式和用法。本标准对汉语书写规范有重要的辅助作用。

本标准适用于汉语书面语。外语界和科技界也可参考使用。

2 定义

本标准采用下列定义。

句子 sentence
前后都有停顿，并带有一定的句调，表示相对完整意义的语言单位。

陈述句 declarative sentence
用来说明事实的句子。

祈使句 imperative sentence
用来要求听话人做某件事情的句子。

疑问句 interrogative sentence
用来提出问题的句子。

感叹句 exclamatory sentence
用来抒发某种强烈感情的句子。

复句、分句 complex sentence，clause
意思上有密切联系的小句子组织在一起构成一个大句子。这样的大句子叫复句，复句中的每个小句子叫分句。

词语 expression
词和短语（词组）。词，即最小的能独立运用的语言单位。短语，即由两个或两个以上的词按一定的语法规则组成的表达一定意义的语言单位，也叫词组。

3 基本规则

3.1 标点符号是辅助文字记录语言的符号，是书面语的有机组成部分，用来表示停顿、语气以及词语的性质和作用。

3.2 常用的标点符号有 16 种，分点号和标号两大类。

点号的作用在于点断，主要表示说话时的停顿和语气。点号又分为句末点号和句内点号。句末点号用在句末，有句号、问号、叹号 3 种，表示句末的停顿，同时表示句子的语气。句内点号用在句内，有逗号、顿号、分号、冒号 4 种，表示句内的各种不同性质的停顿。

模块 5

TYBZ03812005

标号的作用在于标明，主要标明语句的性质和作用。常用的标号有 9 种，即：引号、括号、破折号、省略号、着重号、连接号、间隔号、书名号和专名号。

4 用法说明

4.1 句号

4.1.1 句号的形式为"。"。句号还有一种形式，即一个小圆点"．"，一般在科技文献中使用。

4.1.2 陈述句末尾的停顿，用句号。例如：

a）北京是中华人民共和国的首都。

b）虚心使人进步，骄傲使人落后。

c）亚洲地域广阔，跨寒、温、热三带，又因各地地形和距离海洋远近不同，气候复杂多样。

4.1.3 语气舒缓的祈使句末尾，也用句号。例如：

请您稍等一下。

4.2 问号

4.2.1 问号的形式为"？"。

4.2.2 疑问句末尾的停顿，用问号。例如：

a）你见过金丝猴吗？

b）他叫什么名字？

c）去好呢，还是不去好？

4.2.3 反问句的末尾，也用问号。例如：

a）难道你还不了解我吗？

b）你怎么能这么说呢？

4.3 叹号

4.3.1 叹号的形式为"！"。

4.3.2 感叹句末尾的停顿，用叹号。例如：

a）为祖国的繁荣昌盛而奋斗！

b）我多么想看看他老人家呀！

4.3.3 语气强烈的祈使句末尾，也用叹号。例如：

a）你给我出去！

b）停止射击！

4.3.4 语气强烈的反问句末尾，也用叹号。例如：

我哪里比得上他呀！'

4.4 逗号

4.4.1 逗号的形式为","。

4.4.2 句子内部主语与谓语之间如需停顿,用逗号。例如:

我们看得见的星星,绝大多数是恒星。

4.4.3 句子内部动词与宾语之间如需停顿,用逗号。例如:

应该看到,科学需要一个人贡献出毕生的精力。

4.4.4 句子内部状语后边如需停顿,用逗号。例如:

对于这个城市,他并不陌生。

4.4.5 复句内各分句之间的停顿,除了有时要用分号外,都要用逗号。例如:

据说苏州园林有一百多处,我到过的不过十多处。

4.5 顿号

4.5.1 顿号的形式为"、"。

4.5.2 句子内部并列词语之间的停顿,用顿号。例如:

a)亚马逊河、尼罗河、密西西比河和长江是世界四大河流。

b)正方形是四边相等、四角均为直角的四边形。

4.6 分号

4.6.1 分号的形式为";"。

4.6.2 复句内部并列分句之间的停顿,用分号。例如:

a)语言,人们用来抒情达意;文字,人们用来记言记事。

b)在长江上游,瞿塘峡像一道闸门,峡口险阻;巫峡像一条迂回曲折的画廊,每一曲,每一折,都像一幅绝好的风景画,神奇而秀美;西陵峡水势险恶,处处是急流,处处是险滩。

4.6.3 非并列关系(如转折关系、因果关系等)的多重复句,第一层的前后两部分之间,也用分号。例如:

我国年满十八周岁的公民,不分民族、种族、性别、职业、家庭出身、宗教信仰、教育程度、财产状况、居住期限,都有选举权和被选举权;但是依照法律被剥夺政治权利的人除外。

4.6.4 分行列举的各项之间,也可以用分号。例如:

中华人民共和国的行政区域划分如下:

(一)全国分为省、自治区、直辖市;

(二)省、自治区分为地区、自治州、县、自治县、市;

(三)县、自治县分为乡、民族乡、镇。

4.7 冒号

4.7.1 冒号的形式为":"。

4.7.2 用在称呼语后边，表示提起下文。例如：

同志们，朋友们：

现在开会了。……

4.7.3 用在"说、想、是、证明、宣布、指出、透露、例如、如下"等词语后边，表示提起下文。例如：

他十分惊讶地说："啊，原来是你！"

4.7.4 用在总说性话语的后边，表示引起下文的分说。例如：

北京紫禁城有四座城门：午门、神武门、东华门和西华门。

4.7.5 用在需要解释的词语后边，表示引出解释或说明。例如：

外文图书展销会

日期：10 月 20 日至 11 月 10 日

时间：上午 8 时至下午 4 时

地点：北京朝阳区工体东路 16 号

主办单位：中国图书进出口总公司

4.7.6 总括性话语的前边，也可以用冒号，以总结上文。例如：

张华考上了北京大学，在化学系学习；李萍进了中等技术学校，读机械制造专业；我在百货公司当售货员：我们都有光明的前途。

4.8　引号

4.8.1 引号的形式为双引号""""和单引号"''"。

4.8.2 行文中直接引用的话，用引号标示。例如：

a）爱因斯坦说："想象力比知识更重要，因为知识是有限的，而想象力概括着世界上的一切，推动着进步，并且是知识进化的源泉。"

b）"满招损，谦受益"这句格言，流传到今天至少有两千年了。

c）现代画家徐悲鸿笔下的马，正如有的评论家所说的那样，"神形兼备，充满生机"。

4.8.3 需要着重论述的对象，用引号标示。例如：

古人对于写文章有个基本要求，叫做"有物有序"。"有物"就是要有内容，"有序"就是要有条理。

4.8.4 具有特殊含义的词语，也用引号标示。例如：

a）从山脚向上望，只见火把排成许多"之"字形，一直连到天上，跟星光接起来，分不出是火把还是星星。

b）这样的"聪明人"还是少一点好。

4.8.5 引号里面还要用引号时，外面一层用双引号，里面一层用单引号。例如：

他站起来问："老师，'有条不紊'的'紊'是什么意思？"

4.9 括号

4.9.1　括号常用的形式是圆括号"（　）"。此外还有方括号"[　]"、六角括号"〔　〕"和方头括号"【　】"。

4.9.2　行文中注释性的文字，用括号标明。注释句子里某些词语的，括注紧贴在被注释词语之后；注释整个句子的，括注放在句末标点之后。例如：

　　a）中国猿人（全名为"中国猿人北京种"，或简称"北京人"）在我国的发现，是对古人类学的一个重大贡献。

　　b）写研究性文章跟文学创作不同，不能摊开稿纸搞"即兴"。（其实文学创作也要有素养才能有"即兴"。）

4.10 破折号

4.10.1　破折号的形式为"——"。

4.10.2　行文中解释说明的语句，用破折号标明。例如：

　　a）迈进金黄色的大门，穿过宽阔的风门厅和衣帽厅，就到了大会堂建筑的枢纽部分——中央大厅。

　　b）为了全国人民——当然也包括自己在内——的幸福，我们每一个人都要兢兢业业，努力工作。

4.10.3　话题突然转变，用破折号标明。例如：

　　"今天好热啊！——你什么时候去上海？"张强对刚刚进门的小王说。

4.10.4　声音延长，象声词后用破折号。例如：

　　"呜——"火车开动了。

4.10.5　事项列举分承，各项之前用破折号。例如：

　　根据研究对象的不同，环境物理学分为以下五个分支学科：

　　——环境声学；

　　——环境光学；

　　——环境热学；

　　——环境电磁学；

　　——环境空气动力学。

4.11 省略号

4.11.1　省略号的形式为"……"，六个小圆点，占两个字的位置。如果是整段文章或诗行的省略，可以使用十二个小圆点来表示。

4.11.2　引文的省略，用省略号标明。例如：

　　她轻轻地哼起了《摇篮曲》："月儿明，风儿静，树叶儿遮窗棂啊……"

4.11.3　列举的省略，用省略号标明。例如：

　　在广州的花市上，牡丹、吊钟、水仙、梅花、菊花、山茶、墨兰……春秋冬三季的鲜花都挤在一起啦！

4.11.4 说话断断续续，可以用省略号标示。例如：

"我……对不起……大家，我……没有……完成……任务。"

4.12 着重号

4.12.1 着重号的形式为"﹒"。

4.12.2 要求读者特别注意的字、词、句，用着重号标明。例如：

事业是干出来的，不是吹出来的。

4.13 连接号

4.13.1 连接号的形式为"－"，占一个字的位置。连接号还有另外三种形式，即长横"——"（占两个字的位置）、半字线"-"（占半个字的位置）和浪纹"～"（占一个字的位置）。

4.13.2 两个相关的名词构成一个意义单位，中间用连接号。例如：

a）我国秦岭－淮河以北地区属于温带季风气候区，夏季高温多雨，冬季寒冷干燥。

b）复方氯化钠注射液，也称任-洛二氏溶液（Ringer-Locke solution），用于医疗和哺乳动物生理学实验。

4.13.3 相关的时间、地点或数目之间用连接号，表示起止。例如：

a）鲁迅（1881—1936）中国现代伟大的文学家、思想家和革命家。原名周树人，字豫才，浙江绍兴人。

b）"北京——广州"直达快车

c）梨园乡种植的巨峰葡萄今年已经进入了丰产期，亩产 1 000 公斤～ 1 500 公斤。

4.13.4 相关的字母、阿拉伯数字等之间，用连接号，表示产品型号。例如：

在太平洋地区，除了已建成投入使用的 HAW－4 和 TPC－3 海底光缆之外，又有 TPC－4 海底光缆投入运营。

4.13.5 几个相关的项目表示递进式发展，中间用连接号。例如：

人类的发展可以分为古猿－猿人－古人－新人这四个阶段。

4.14 间隔号

4.14.1 间隔号的形式为"·"。

4.14.2 外国人和某些少数民族人名内各部分的分界，用间隔号标示。例如：

列奥纳多·达·芬奇

爱新觉罗·努尔哈赤

4.14.3 书名与篇（章、卷）名之间的分界，用间隔号标示。例如：

《中国大百科全书·物理学》

《三国志·蜀志·诸葛亮传》

4.15　书名号

4.15.1　书名号的形式为双书名号 "《 》"和单书名号 "〈 〉"。

4.15.2　书名、篇名、报纸名、刊物名等,用书名号标示。例如:

　　a)《红楼梦》的作者是曹雪芹。

　　b)你读过鲁迅的《孔乙己》吗?

　　c)他的文章在《人民日报》上发表了。

　　d)桌上放着一本《中国语文》。

4.15.3　书名号里边还要用书名号时,外面一层用双书名号,里边一层用单书名号。例如:

　　《〈中国工人〉发刊词》发表于 1940 年 2 月 7 日。

4.16　专名号

4.16.1　专名号的形式为 "＿＿＿"。

4.16.2　人名、地名、朝代名等专名下面,用专名号标示。例如:

　　司马相如者,汉蜀郡成都人也,字长卿。

4.16.3　专名号只用在古籍或某些文史著作里面。为了跟专名号配合,这类著作里的书名号可以用浪线 "＿＿＿＿"。例如:

　　屈原放逐,乃赋离骚;左丘失明,厥有国语。

5　标点符号的位置

5.1　句号、问号、叹号、逗号、顿号、分号和冒号一般占一个字的位置,居左偏下,不出现在一行之首。

5.2　引号、括号、书名号的前一半不出现在一行之末,后一半不出现在一行之首。

5.3　破折号和省略号都占两个字的位置,中间不能断开。连接号和间隔号一般占一个字的位置。这四种符号上下居中。

5.4　着重号、专名号和浪线式书名号标在字的下边,可以随字移行。

6　直行文稿与横行文稿使用标点符号的不同

6.1　句号、问号、叹号、逗号、顿号、分号和冒号放在字下偏右。

6.2　破折号、省略号、连接号和间隔号放在字下居中。

6.3　引号改用双引号 "『 』"和单引号 "「 」"。

6.4　着重号标在字的右侧,专名号和浪线式书名号标在字的左侧。

【思考与练习】

　1. 常用的标点符号分几类?各有哪几种?

　2. 举例说明连接号的主要形式及另外三种形式各自的用法。

TYBZ03812005

模块
5

模块 6　GB/T 15835—1995
出版物上数字用法的规定（TYBZ03812006）

【模块描述】本模块介绍出版物在涉及数字时使用汉字和阿拉伯数字体例的统一规定。通过对国家标准出版物上数字用法规定的说明，掌握出版物上数字的用法。

【正文】

前　言

本标准是在国家语言文字工作委员会、原国家出版局、原国家标准局等中央七部门 1987 年 1 月 1 日颁布的《关于出版物上数字用法的试行规定》的基础上制定的。国家技术监督局在技监局标函［1993］390 号复函中建议："鉴于该规定涉及面很广，各种出版物发行国内外，数量和范围都很大。为了使全国各行业都按此规定执行，建议将该规定内容制定为国家标准。"

本标准借鉴了国内多家有影响的出版社和报社的成功经验，参考了英国、前苏联、日本、新加坡的有关资料，多次召开座谈会，征求首都新闻界、出版界、教育界、科技界专家的意见，特别是新华社、广播电影电视部、人民日报、解放军报、人民出版社、商务印书馆、科学出版社、人民教育出版社和中国大百科全书出版社等单位的意见。

阿拉伯数字笔画简单、结构科学、形象清晰、组数简短，所以被广泛应用。本标准的宗旨在于：对汉字数字和阿拉伯数字这两种数字的书写系统在使用上作比较科学的、比较明确的分工，使中文出版物上的数字用法趋于统一规范。

本标准从 1996 年 6 月 1 日起实施，从实施之日起，《关于出版物上数字用法的试行规定》即行废止。

本标准由国家语言文字工作委员会提出并归口。

本标准起草单位：国家语言文字工作委员会语言文字应用研究所。

本标准主要起草人：王均、厉兵。

1　范围

本标准规定了出版物在涉及数字（表示时间、长度、质量、面积、容积等量值和数字代码）时使用汉字和阿拉伯数字的体例。

本标准适用于各级新闻报刊、普及性读物和专业性社会人文科学出版物。

自然科学和工程技术出版物亦应使用本标准，并可制定专业性细则。

本标准不适用于文学书刊和重排古籍。

2 引用标准

下列标准所包含的条文，通过在本标准中引用而构成为本标准的条文。本标准出版时，所示版本均为有效。所有标准都会被修订，使用本标准的各方应探讨使用下列标准最新版本的可能性。

GB/T 7408—94 数据元和交换格式 信息交换 日期和时间表示法

GB 3100—93 国际单位制及其应用

GB 3101—93 有关量、单位和符号的一般原则

GB 7713—87 科学技术报告、学位论文和学术论文的编写格式

GB 8170—87 数值修约规则

3 定义

本标准采用下列定义。

物理量 physical quantity

用于定量地描述物理现象的量，即科学技术领域里使用的表示长度、质量、时间、电流、热力学温度、物质的量和发光强度的量。使用的单位应是法定计量单位。

非物理量 non-physical quantity

日常生活中使用的量，使用的是一般量词，如30元、45天、67根等。

4 一般原则

4.1 使用阿拉伯数字或是汉字数字，有的情形选择是唯一而确定的。

4.1.1 统计表中的数值，如正负整数、小数、百分比、分数、比例等，必须使用阿拉伯数字。

示例：48 302 −125.03 34.05% 63%～68% 1/4 2/5 1:500

4.1.2 定型的词、词组、成语、惯用语、缩略语或具有修辞色彩的词语中作为语素的数字，必须使用汉字。

示例：一律 一方面 十滴水 二倍体 三叶虫 星期五 四氧化三铁 一〇五九（农药内吸磷） 八国联军 二〇九师 二万五千里长征 四书五经 五四运动 九三学社 十月十七日同盟 路易十六 十月革命 "八五"计划 五省一市 五局三胜制 二八年华 二十挂零 零点方案 零岁教育 白发三千丈 七上八下 不管三七二十一 相差十万八千里 第一书记 第二轻工业局 一机部三所 第三季度 第四方面军 十三届四中全会

4.2　使用阿拉伯数字或是汉字数字，有的情形，如年月日、物理量、非物理量、代码、代号中的数字，目前体例尚不统一。对这种情形，要求凡是可以使用阿拉伯数字而且又很得体的地方，特别是当所表示的数目比较精确时，均应使用阿拉伯数字。遇特殊情形，或者是避免歧解，可以灵活变通，但全篇体例应相对统一。

5　时间（世纪、年代、年、月、日、时刻）

5.1　要求使用阿拉伯数字的情况

5.1.1　公历世纪、年代、年、月、日

示例：公元前 8 世纪　20 世纪 80 年代　公元前 440 年　公元 7 年　1994 年 10 月 1 日

5.1.1.1　年份一般不用简写。如 1990 年不应简写作"九〇年"或"90 年"。

5.1.1.2　引文著录、行文注释、表格、索引、年表等，年月日的标记可按 GB/T 7408—94 的 5.2.1.1 中的扩展格式。如：1994 年 9 月 30 日和 1994 年 10 月 1 日可分别写作 1994–09–30 和 1994–10–01，仍读作 1994 年 9 月 30 日、1994 年 10 月 1 日。年月之间使用半字线"–"。但月和日是个位数时，在十位上加"0"。

5.1.2　时、分、秒

示例：4 时　15 时 40 分（下午 3 点 40 分）　14 时 12 分 36 秒

注：必要时，可按 GB/T 7408—94 的 5.3.1.1 中的扩展格式。该格式采用每日 24 小时计时制，时、分、秒的分隔符为冒号"："。

示例：04:00（4 时）　15:40（15 时 40 分）　14:12:36（14 时 12 分 36 秒）

5.2　要求使用汉字的情况

5.2.1　中国干支纪年和夏历月日。

示例：丙寅年十月十五日　腊月二十三日　正月初五　八月十五中秋节

5.2.2　中国清代和清代以前的历史纪年、各民族的非公历纪年。

这类纪年不应与公历月日混用，并应采用阿拉伯数字括注公历。

示例：秦文公四十四年（公元前 722 年）　太平天国庚申十年九月二十四日（清咸丰十年九月二十日，公元 1860 年 11 月 2 日）　藏历阳木龙年八月二十六日（1964 年 10 月 1 日）　日本庆应三年（1867 年）

5.2.3　含有月日简称表示事件、节日和其他意义的词组。

如果涉及一月、十一月、十二月，应用间隔号"·"将表示月和日的数字隔开，并外加引号，避免歧义。涉及其他月份时，不用间隔号，是否使用引号，视事件的知名度而定。

示例 1："一·二八"事变（1 月 28 日）　"一二·九"运动（12 月 9 日）　"一·一七"批示（1 月 17 日）"一一·一〇"案件（11 月 10 日）

示例 2：五四运动　五卅运动　七七事变　五一国际劳动节　"五二〇"声明"九一三"事件

6　物理量

物理量量值必须用阿拉伯数字，并正确使用法定计量单位。小学和初中教科书、非专业科技书刊的计量单位可使用中文符号。

示例：8736.80km（8736.80 千米）　600g（600 克）　100kg～150kg（100 千克～150 千克）　12.5m²（12.5 平方米）　外形尺寸是 400mm×200mm×300mm（400 毫米×200 毫米×300 毫米）　34℃～39℃（34 摄氏度～39 摄氏度）　0.59A（0.59 安[培]）

7　非物理量

7.1　一般情况下应使用阿拉伯数字。

示例：21.35 元　45.6 万元　270 美元　290 亿英镑　48 岁　11 个月　1480 人4.6 万册　600 幅　550 名

7.2　整数一至十，如果不是出现在具有统计意义的一组数字中，可以用汉字，但要照顾到上下文，求得局部体例上的一致。

示例 1：一个人　三本书　四种产品　六条意见　读了十遍　五个百分点

示例 2：截至 1984 年 9 月，我国高等学校有新闻系 6 个，新闻专业 7 个，新闻班 1 个，新闻教育专职教员 274 人，在校学生 1561 人。

8　多位整数和小数

8.1　阿拉伯数字书写的多位整数和小数的分节

8.1.1　专业性科技出版物的分节法：从小数点起，向左和向右每三位数字一组，组间空四分之一个汉字（二分之一个阿拉伯数字）的位置。

示例：2 748 456　3.141 592 65

8.1.2　非专业性科技出版物如排版留四分空有困难，可仍采用传统的以千分撇","分节的办法。小数部分不分节。四位以内的整数也可以不分节。

示例：2，748，456　3.141 592 65　8703

8.2　阿拉伯数字书写的纯小数必须写出小数点前定位的"0"。小数点是齐底线的黑圆点"·"。

示例：0.46 不得写成 .46 或 0.46

8.3　尾数有多个"0"的整数数值的写法

8.3.1　专业性科技出版物根据 GB 8170—87 关于数值修约的规则处理。

8.3.2　非科技出版物中的数值一般可以"万"、"亿"作单位。

示例：三亿四千五百万可写成 345,000,000，也可写成 34，500 万或 3.45 亿，但一般不得写作 3 亿 4 千 5 百万。

8.4　数值巨大的精确数字，为了便于定位读数或移行，作为特例可以同时使用"亿、万"作单位。

示例：我国 1982 年人口普查人数为 10 亿 817 万 5288 人；1990 年人口普查人数为 11 亿 3368 万 2501 人。

8.5　一个用阿拉伯数字书写的数值应避免断开移行。

8.6　阿拉伯数字书写的数值在表示数值的范围时，使用浪纹式连接号"～"。

示例：150 千米～200 千米　 −36℃～−8℃　 2500 元～3000 元

9　概数和约数

9.1　相邻的两个数字并列连用表示概数，必须使用汉字，连用的两个数字之间不得用顿号"、"隔开。

示例：二三米　 一两个小时　 三五天　 三四个月　 十三四吨　 一二十个　 四十五六岁　 七八十种　 二三百架次　 一千七八百元　 五六万套

9.2　带有"几"字的数字表示约数，必须使用汉字。

示例：几千年　 十几天　 一百几十次　 几十万分之一

9.3　用"多""余""左右""上下""约"等表示的约数一般用汉字。如果文中出现一组具有统计和比较意义的数字，其中既有精确数字，也有用"多"、"余"等表示的约数时，为保持局部体例上的一致，其约数也可以使用阿拉伯数字。

示例 1：这个协会举行全国性评奖十余次，获奖作品有一千多件。协会吸收了约三千名会员，其中三分之二是有成就的中青年。另外，在三十个省、自治区、直辖市还设有分会。

示例 2：该省从机动财力中拿出 1900 万元，调拨钢材 3000 多吨、水泥 2 万多吨、柴油 1400 吨，用于农田水利建设。

10　代号、代码和序号

部队番号、文件编号、证件号码和其他序号，用阿拉伯数字。序数词即使是多位数也不能分节。

示例：84062 部队　 国家标准 GB 2312—80　 国办发 [1987] 9 号文件　 总 3147 号　 国内统一刊号 CN 11—1399　 21/22 次特别快车　 HP—3000 型电子计算机　 85 号汽油　 维生素 B_{12}

11　引文标注

引文标注中的版次、卷次、页码，除古籍应与所据版本一致外，一般均使用阿拉伯数字。

示例 1：列宁：《新生的中国》，见《列宁全集》，中文 2 版，第 22 卷，208 页，北京，人民出版社，1990。

示例 2：刘少奇：《论共产党员的修养》，修订 2 版，76 页，北京，人民出版社，1962。

示例 3：李四光：《地壳构造与地壳运动》，载《中国科学》，1973（4），400～429 页。

示例 4：许慎《说文解字》，影印陈昌治本，126 页，北京，中华书局，1963。

示例 5：许慎《说文解字》，四部丛刊本，卷六上，九页。

12 横排标题中的数字

横排标题涉及数字时，可以根据版面的实际需要和可能作恰当的处理。

13 竖排文章中的数字

提倡横排。如文中多处涉及物理量，更应横排。竖排文字中涉及的数字除必须保留的阿拉伯数字外，应一律用汉字。必须保留的阿拉伯数字、外文字母和符号均按顺时针方向转 90 度。

（示例略）

14 字体

出版物中的阿拉伯数字，一般应使用正体二分字身，即占半个汉字位置。

【思考与练习】

1. 出版物上要求使用阿拉伯数字的有哪些情况？

2. 定型的词、词组、成语、惯用语、缩略语或具有修辞色彩的词语中作为语素的数字，必须使用汉字还是阿拉伯数字？

3. 找一篇竖排的文稿，比较其在数字的处理上与横排的不同。

模块 7 GB 3100～3102—1993 量和单位（节选）（TYBZ03812007）

【模块描述】本模块包含国家标准中部分常用计量单位和符号。通过对这些量和单位符号的介绍，掌握电力行业常用的计量单位和符号。

【正文】

一、说明

1. 本量和单位的符号，只选录电力、热力、水电专业科技图书中常用的量和单位的符号。不够使用时，可采用相关标准中规定的符号和各专业通用的符号。

2. 本量和单位的符号，选自 GB 3102—1993《量和单位》。

二、空间和时间的量和单位

量 的 名 称	量 的 符 号	单 位 名 称	单 位 符 号
［平面］角	$\alpha, \beta, \gamma, \theta, \phi$	弧度	rad
		度 ⌊角⌋分 ［角］秒	（°） （′） （″）
长度	l, L	米	m
宽度	b		
高度	h		
厚度	d, δ		
半径	r, R		
直径	d, D		
程长	s		
距离	d, r		
面积	$A,（S）$	平方米，公顷	m², hm²
体积	V	立方米	m³
		升	L,（l）
时间，时间间隔，持续时间	t	秒	s
		分 ［小］时 日，（天）	min h d
角速度	ω	弧度每秒	rad/s
速度	v, c, u, v, w	米每秒	m/s
加速度	a	米每二次方秒	m/s²

注 公顷的国际通用符号为 ha；"市亩"，从 1992 年 1 月起已停止使用。

三、周期及其有关现象的量和单位

量 的 名 称	量 的 符 号	单 位 名 称	单 位 符 号
周期	T	秒	s

续表

量 的 名 称	量 的 符 号	单 位 名 称	单 位 符 号
频率	f, v	赫[兹]	Hz
旋转频率 （又称"转速)	n	每秒 负一次方秒 转每分	s^{-1} r/min
角频率 （又称"圆频率"）	ω	弧度每秒， 负一次方秒	rad/s s^{-1}

四、力学的量和单位

量 的 名 称	量 的 符 号	单 位 名 称	单 位 符 号
质量	m	千克（公斤）	kg
		吨	t
体积质量， [质量]密度	ρ	千克每立方米 吨每立方米 千克每升	kg/m^3 t/m^3 kg/L
质量体积， 比体积	v	立方米每千克	m^3/kg
力	F	牛[顿]	N
重量	W, (P, G)		
力矩	M	牛[顿]米	N·m
力偶矩	M		
转矩	M, T		
压力，压强	p	帕[斯卡]	Pa
正应力	σ		
切应力	τ		
[动力]黏度	η, (μ)	帕[斯卡]秒	Pa·s
运动黏度	v	二次方米每秒	m^2/s
能[量]	E	焦[耳]	J
功	W, (A)		
势能，位能	E_p, (V)		
动能	E_k, (T)		
功率	P	瓦[特]	W
质量流量	q_m	千克每秒	kg/s
体积流量	q_V	立方米每秒	m^3/s

五、热学的量和单位

量 的 名 称	量 的 符 号	单 位 名 称	单 位 符 号
热力学温度	T,（Θ）	开［尔文］	K
摄氏温度	t, θ	摄氏度	℃
热，热量	Q	焦［耳］	J
热流量	Φ	瓦［特］	W
面积热流量，热流［量］密度	q, φ	瓦［特］每平方米	W/m²
热导率，（导热系数）	λ,（κ）	瓦［特］每米开［尔文］	W/（m·K）
传热系数	K,（k）	瓦［特］每平方米开［尔文］	W/（m²·K）
表面传热系数	h,（a）		
热阻	R	开［尔文］每瓦［特］	K/W
热扩散率	a	平方米每秒	m²/s
热容	C	焦［耳］每开［尔文］	J/K
质量热容，比热容	c		
质量定压热容，比定压热容	c_p	焦［耳］每千克开［尔文］	J/（kg·K）
质量定容热容，比定容热容	c_v		
质量热容比，比热［容］比	γ	—	1
等熵指数	κ	—	1
熵	S	焦［耳］每开［尔文］	J/K
质量熵，比熵	s	焦［耳］每千克开［尔文］	J/（kg·K）
热力学能（内能）	U	焦［耳］	J
焓	H		
质量热力学能，比热力学能	u	焦［耳］每千克	J/kg
质量焓，比焓	h		

六、电学和磁学的量和单位

量 的 名 称	量 的 符 号	单 位 名 称	单 位 符 号
电流[1]	I	安［培］	A
电荷［量］	Q	库［仑］	C
电场强度	E	伏［特］每米	V/m

续表

量 的 名 称	量 的 符 号	单 位 名 称	单 位 符 号
电位，（电势）	V，φ	伏 [特]	V
电位差，（电势差），电压[2]	U，（V）		
电动势[3]	E		
电容	C	法 [拉]	F
介电常数[4]，（电容率）	ε	法 [拉] 每米	F/m
磁场强度	H	安 [倍] 每米	A/m
磁通势，磁动势	F，F_m	安 [培]	A
磁通 [量] 密度，磁感应强度	B	特 [斯拉]	T
磁通 [量]	Φ	韦 [伯]	Wb
自感 互感	L M，L_{12}	亨 [利]	H
磁导率	μ	亨 [利] 每米	H/m
[直流] 电阻	R	欧 [姆]	Ω
电阻率	ρ	欧 [姆] 米	$\Omega \cdot m$
[直流] 电导	G	西 [门子]	S
电导率[6]	γ，σ	西 [门子] 每米	S/m
磁阻	R_m	每亨 [利]，负一次方 [亨利]	H^{-1}
磁导	Δ，（P）	亨 [利]	H
频率	f，v	赫 [兹]	Hz
角频率	ω	弧度每秒	rad/s
阻抗，（复 [数] 阻抗）	Z	欧 [姆]	Ω
[交流] 电阻	R		
电抗	X		
导纳，（复 [数] 导纳）	Y	西 [门子]	S
[交流] 电导	G		
电纳	B		
品质因数	Q	—	1
损耗角	δ	弧度	rad
[有功] 功率	P	瓦 [特]	W

续表

量 的 名 称	量 的 符 号	单 位 名 称	单 位 符 号
视在功率	S, P_S	伏安	V·A
无功功率⑥	Q, P_Q		
功率因数	λ	—	1
[有功] 电能 [量]	W	焦 [耳], 瓦 [特] [小] 时	J, W·h

① 在交流电技术中，I 表示有效值（均方根值），i 表示瞬时值。

② 在交流电技术中，U 表示有效值（均方根值），u 表示瞬时值。

③ 在交流电技术中，E 表示有效值（均方根值），e 表示瞬时值。

④ 介电常数，IEC 又称"绝对介电常数"，IEC 和 ISO 还称"电常数"。

⑤ 在电化学中用 κ 表示。

⑥ 目前电力工程界仍习惯采用 var。

七、物理化学的量和单位

量 的 名 称	量 的 符 号	单 位 名 称	单 位 符 号
物质的量	$n, (\nu)$	摩 [尔]	mol
摩尔质量	M	千克每摩 [尔]	kg/mol
摩尔体积	V_m	立方米每摩 [尔]	m^3/mol
B 的质量浓度	ρ_B	千克每升	kg/L
B 的质量分数	w_B	—	1
B 的浓度, B 的物质的量浓度	c_B	摩 [尔] 每立方米	mol/m^3
B 的摩尔分数	$x_B, (y_B)$		1
溶质 B 的摩尔比	r_B		
B 的体积分数	φ_B	—	1/

【思考与练习】

1. 本规定涉及电力行业常用的计量单位和符号是哪几项？

2. 熟悉并掌握计量单位和符号的标准有何意义？

模块 7

TYBZ03812007